Sigfried Schibli

„Fragen Sie ruhig weiter!"
Von der Orgel zum Journalismus – Selektive Memoiren aus meinen Berufsjahren

VA
Verlag Das Archiv

© Verlag Das Archiv, Nidau 2020

Satz und Gestaltung: SfA, Blatten (Lötschen)
Druck und Bindung: Witschi Druck, Nidau
Umschlagabbildung: Foto Kurt Wyss, Basel
1. Auflage – 12.2020
Printed in Switzerland
www.verlag-das-archiv.ch

ISBN 978-3-906919-12-6

Zu diesem Büchlein hat mich niemand genötigt, gedrängt oder auch nur gebeten. Es erwuchs einfach aus dem Wunsch, ein paar Erinnerungen aus meinem Leben niederzuschreiben und einige Erlebnisse in erzählerischer Form zu vermitteln. Befeuert wurde dieser Wunsch durch meinen Schulfreund Johannes Gruntz-Stoll und seine Verlagsarbeit. Meine Memoiren sind selektiv. Ich halte weder meine Schulzeit noch mein Privatleben für sonderlich erwähnenswert. Die Schulen habe ich eher lustlos absolviert, glaube aber, durch sie nicht weiter beschädigt worden zu sein. Und in meinem Privatleben gab es zu wenig Skandalöses, das sich für intime Memoiren eignen würde. Beides kommt daher auf den folgenden Seiten nicht vor.

Hingegen fand und finde ich Einiges erwähnenswert, was ich als Organist und als Publizist erlebt habe. Vor allem als Journalist hatte ich immer wieder mit durchaus bedeutenden Menschen zu tun, die meinem ansonsten unspektakulären Berufsleben die notwendige Würze verliehen. Dass der Text mit einigen Anekdoten gespickt ist, verdankt sich nicht dem Wunsch, um jeden Preis unterhaltsam sein zu wollen; es entspricht meiner Grundhaltung, die dem Leben mit ironischer Distanz begegnet.

Dem Verdacht, ich hätte dies alles nur aus Eitelkeit oder Geltungsdrang niedergeschrieben, setze ich mich gerne aus. Wenn einige Menschen aus meinem Umkreis Gefallen daran finden und dadurch vielleicht motiviert werden, ihre eigenen Erinnerungen aus der Tiefe des Vergessens hervorzuholen, so ist der Zweck dieses Büchleins erfüllt. Der Dichter Jean Paul war ein Weltweiser, den ich gern zitiere: «Die Erinnerung ist das einzige Paradies, aus dem wir nicht vertrieben werden können.»

Basel, im Herbst 2020   Sigfried Schibli

Ein junger Mann der Kirche
Die Tätigkeiten eines Organisten und eines Kritikers haben auf den ersten und auch auf den zweiten Blick nichts gemeinsam, abgesehen davon, dass es zwischen dem Traktieren von Orgeltasten und von Schreibmaschinen- oder Computertasten gewisse Parallelen gibt. In meinem Fall aber sind sie durch einen biografischen Zufall miteinander verbunden. Ich spielte seit meinem 16. Lebensjahr Orgel in der katholischen Kirche Birsfelden und war damals Schüler von Guido Erzer, dem ausgezeichneten jungen Organisten dieser von Hermann Baur entworfenen hellen, modernen Kirche mit ihren an die berühmte Kapelle von Ronchamp erinnernden Glasfenstern. Als Erzer mich reif für die Gottesdienstbegleitung fand, liess er mich hin und wieder und immer öfter im Gottesdienst spielen, und für etliche Jahre verdrängte die Orgel das Musikinstrument meiner Kindheit, das Klavier. Schon damals zeigte sich mein Hang zur «Gebrauchsmusik», zur Musikausübung in einem sozialen Zusammenhang.

In jungen Jahren an der Mathis-Orgel der Bruder-Klaus-Kirche in Birsfelden

Klar hatte ich etwas Lampenfieber, aber es war zu überwinden. Als Orgelspieler war ich einigermassen, aber nicht extrem begabt; Höhepunkt meiner «Karriere» war in einer Vortragsübung von Erzers fortgeschrittenen Schülern die Wiedergabe der «Kanonischen Veränderungen» über das Weihnachtslied «Vom Himmel hoch, da komm ich her», einem der anspruchsvollsten Werke von Johann Sebastian Bach. Da mir das Repertoire, das ich bei Erzer lernte, zu stark auf Barockmusik (mit Ausflügen zu Mozart und Mendelssohn) fokussiert war, wechselte ich mit etwa 22 Jahren zu Heiner Kühner, dem damals besten und vielseitigsten Organisten der Region Basel, dem ich bis wenige Jahre vor seinem Aids-Tod im Jahr 1990 verbunden blieb. Er führte mich über Bach und Mendelssohn hinaus zu Max Reger und Jehan Alain.

Eine Organistenlaufbahn konnte ich mir schon als Stellvertreter Guido Erzers – er liess mich häufig auch in der kleinen Kirche St. Christophorus in Kleinhüningen spielen – nicht vorstellen. Erstens fand ich mich nur mittelmässig begabt, und zweitens entfremdete ich mich zunehmend der christlichen Religion. Ich hatte mich als Schüler am «Humanistischen Gymnasium» eingehend mit Karl Jaspers beschäftigt, eine Arbeit über sein Buch «Der philosophische Glaube angesichts der Offenbarung» verfasst und von seiner Kritik an den Offenbarungsreligionen in Bann ziehen lassen. Seither bin ich nie «rückfällig» geworden und halte mich wohl bis zum Lebensende für immun gegen alle Formen der Religiosität.

Wer sich einmal als Kirchenorganist bewährt hat, erhält unweigerlich immer wieder Anfragen für Vertretungen. Das erging auch mir so: Ich spielte bald nicht nur in Birsfelden und Kleinhüningen, sondern gelegentlich in der Kirche Don Bosco in der Breite und später, als ich Kühner-Schüler geworden war, in der Leonhards- und der Pauluskirche an zwei der schönsten Orgeln von ganz Basel. Beim Niederschreiben dieser Erinnerungen wird mir bewusst, wie sehr ich Zeuge des Niedergangs der christlichen Kirchen gewesen bin. Die Christophorus-Kirche wurde vor wenigen Jahren plattgewalzt, um Wohnungen Platz zu machen; Don Bosco ist entweiht und heute ein Musikzentrum; die Leonhards- und die Pauluskirche werden nur noch ausnahmsweise für Gottesdienste genutzt. Die Bruder-Klaus-Kirche in Birsfelden, meine «Heimatkirche», ist nach wie vor in Betrieb, aber einen geweihten Priester gibt es dort nicht mehr.

An der Silbermann-Kuhn-Orgel in der Leonhardskirche Basel

Naturgemäss habe ich nicht nur positive Erinnerungen an meine Jahre als Freelance-Organist, und es sind eben die «Pleiten, Pech und Pannen», die einem lange im Gedächtnis bleiben. Als ich einmal – wiederum in Vertretung Guido Erzers – in Gstaad den Weihnachtsgottesdienst an der Orgel begleitete, öffnete ein Spitzbube während der Predigt den Sicherungskasten im Treppenhaus zur Orgelempore und drehte die Sicherung für den Orgelmotor raus. Ich zog alle Register – kein Ton. Mir stockte das Blut, und ich signalisierte dem Priester mit hilflosen Gesten, dass die Orgel nicht funktionierte. Plötzlich ertönte sie wieder, und wie! Ein anderes Mal wurden meine Nerven gefordert, als eine offensichtlich verwirrte Frau in Birsfelden aus dem Kirchenschiff zum Altar schritt und sich auf den für den Priester reservierten Platz setzte. Sie war in den Pfarrer verliebt und brachte ihm öfter einen Blumenstrauss. Glaube und Wahnsinn liegen oft nahe beieinander.

Ein weiteres Mal – und das erzähle ich nur, weil meine Töchter diese Geschichte lieben – spielte ich bei einer Beerdigung auf dem Friedhof in Birsfelden. Vor der Abdankung rauchte ich eine Zigarette und streifte die Zigarettenasche in einen Behälter, den ich für einen Aschenbecher hielt. Er war aber für die Kondolenzschreiben gedacht, worauf mich ein Trauergast höflich aufmerksam machte. Peinlich! Apropos Trauerfeier: Als ich anlässlich der Hochzeit meines Freundes Arthur Mohr in einer hübschen Kapelle im Oberbaselbiet die Orgel traktierte, verplapperte sich der junge Geistliche und begann seine Ansprache mit «Liebe Trauergemeinde…». Er bemerkte den Lapsus nicht, aber als ihn anschliessend jemand darauf hinwies, versank er vor lauter Scham fast im Erdboden. Kirchliche Rituale sind voller Fallgruben!

Journalistische Feuertaufe

Der Unterricht bei Guido Erzer hatte eine Nebenfolge, die für mein Leben äusserst bedeutsam sein sollte. Erzer war von der Redaktion des katholischen «Basler Volksblatts» angefragt worden, ob er für die Zeitung einen Bericht über die Einweihung einer neuen Orgel schreiben könne; schliesslich verstehe er doch etwas von Orgeln. Ich glaube, es handelte sich um die Kirche St. Peter und Paul in Allschwil (wo Jahre später meine Freunde Dani Läderach und Romana Schmeitzky heirateten – ich an der Orgel). Erzer fragte mich, ob ich diesen Auftrag übernehmen könne, da ihm das Schreiben nicht leicht fiele. Und ich sagte zu, zwanzig Jahre und ein paar Monate alt. Die Zeitung druckte meinen Text, in dem ich Greenhorn schon mächtig aufdrehte, indem ich die Disposition der 31 Register zählenden Orgel kritisierte: Es fehle eine Vier-Fuss-Zungenstimme, dafür sei das Pedal mit gleich drei 16-Fuss-Registern «mehr als reichlich befrachtet». Man merke: Es gibt Experten, aber Journalisten sind ihnen stets überlegen…

In der «Volksblatt»-Redaktion hatte ich vor allem mit dem linkskatholischen Journalisten Heinz Löhrer zu tun, einem klugen, vom französischen Geistesleben geprägten Intellektuellen, der auch bedeutenderen Aufgaben gewachsen gewesen wäre. Die Redaktion wartete nicht lange, bis sie mir weitere Aufträge gab, honoriert mit jeweils 25 Franken. Ich schrieb meinen Vornamen nun konsequent Sigfried anstatt Siegfried – nicht, um dem Architekturhistoriker Sigfried Giedion nachzueifern, sondern aus einer antideutschen Haltung heraus, die ich schon als Schüler gepflegt hatte. Sigfried klingt eben irgendwie weniger teutonisch-martialisch als Siegfried. Bei der Zeitung war ich rasch als Orgelspezialist etabliert, durfte aber schon bald auch Chorkonzerte und Kammermusikabende rezensieren. Meine Artikel waren überwiegend freundlich, entbehrten aber nicht selten einer angesichts meiner Jugend leicht übertriebenen Selbstsicherheit. So prophezeite ich der Pianistin Hanni Schmid-Wyss, von der man später nicht mehr viel gehört hat, eine «erfolgreiche Zukunft», und attestierte dem Oboisten Peter Fuchs, sein Instrument klinge «zu aufdringlich». Heute bin ich davon überzeugt, dass man ohne ein gewisses Mass an Arroganz (oder zumindest Selbstsicherheit) nicht Kritiker sein kann.

Der Sitz der Redaktion der Basler Nachrichten an der Dufourstrasse, Gemälde von Niklaus Stoecklin

Ich spielte meine Rolle als Jung-Beckmesser offenbar gut, so dass mich die Redaktion der «Basler Nachrichten», des den Liberalen nahestehenden «Intelligenzblatts» der Stadt, nach wenigen Monaten um Mitarbeit anfragte. Da fing meine journalistische Karriere erst recht zu laufen an. Häufig schrieb ich über ein einziges Konzert für beide Blätter, gelegentlich sogar noch für die «Basellandschaftliche Zeitung» – drei Fliegen auf einen Schlag, drei Honorare. Eigentlich ein bedenkliches Meinungsmonopol, aber Musikkritiker waren eben Mangelware. Im «Volksblatt» schrieb ich unter «sch.», in den «Nachrichten» unter «s.s.»; später wählte ich in allen von mir bespielten Medien das Kürzel «bli» oder «-bli». Damals gab es noch keine Computer, so dass ich viele Artikel in zwei oder eben sogar drei Fassungen schrieb.

Ich skizzierte sie erst von Hand, oft zu einem Glas Bier in der «Alten Bayrischen» am Steinenberg, tippte sie mitten in der Nacht oder am frühen Morgen auf meiner mechanischen Schreibmaschine und brachte sie per Velo zur Redaktion. Dort wurde das Manuskript vom jeweiligen Redaktor (mit Redaktorinnen hatte ich damals nicht zu tun) durchgelesen, nötigenfalls redigiert, von einer Schreibkraft abgetippt und schliesslich ins Textsystem eingegeben. Ein Text wurde also drei Mal in die Tasten gehauen. Eine Eigenart meines Schreibens bestand darin, dass ich meist schnell und ohne sonderliche Nöte zu schreiben begann; oft fiel mir schon während eines Konzerts der erste Satz ein, und von ihm ausgehend entwickelte sich der Text fast wie von selbst. Natürlich bedurfte das so spontan Notierte oft noch der Nachbearbeitung, aber Schreibhemmungen hatte ich nie.

Kontaktlose Mitarbeit

Während sich mit den Leuten vom «Volksblatt» manches kollegiale Gespräch ergab, war der Kontakt zu den «Nachrichten» an der Dufourstrasse steif und auf ein Minimum reduziert. Ich händigte mein Manuskript jeweils der Sekretärin des Musikredaktors aus, «Fräulein Scherz», die in späteren Jahren Feuilleton-Sekretärin bei der «Basler Zeitung» wurde. Sie versicherte mir jedes Mal, sie würde die zwei oder drei Blätter «Herrn Dr. Müry» weiterreichen, was sie offensichtlich auch tat. Der promovierte Musikwissenschaftler Albert Müry war zugleich Sport- und Musikredaktor und ein durchaus gewandter, seriöser Journalist. Er gab mir interessante Aufträge und blieb stets loyal, legte aber offenbar keinen Wert darauf, seine freien Mitarbeiter persönlich kennen zu lernen. Ich habe ihn tatsächlich während meiner Zeit als «Freier» bei den «Nachrichten» kein einziges Mal zu Gesicht bekommen!

Ich schrieb also weiter in «meinen» Zeitungen, bald über Eduard Müllers «Beispielhafte Wiedergabe der ‹Orgelmesse›», bald über einen überforderten (ich schrieb «strapazierten») Wunderknaben am Klavier. Ein Höhepunkt meiner frühen Karriere war das Konzert von Arturo Benedetti Michelangeli im Oktober 1972, das mir schlagartig und für alle Zeiten die Welt Robert Schumanns eröffnete. Viele Jahre später hatte ich eine ungewöhnliche Erinnerung an den genialen Pianisten «ABM». Es war bekannt, dass er schwer krank war, und ich bereitete einen Nachruf für die Zeitung vor. Als ich an einem Kongress auf dem Monte Verità weilte, sagte jemand zu mir: «So schade, dass Benedetti-Michelangeli gestorben ist!» Darauf entgegnete ich ganz erstaunt, das wisse ich noch gar nicht. Die Gesprächspartnerin darauf: «Aber das haben Sie doch heute in der Zeitung geschrieben!» Die Redaktion hatte den Nachruf ohne mein Wissen ins Blatt gesetzt, und ich war nichts ahnend ins Tessin gefahren.

Zurück in die Siebzigerjahre und zu einem anderen grossen Pianisten. Gemischt war mein Urteil über Friedrich Gulda: Seine eigenen Stücke, fand ich, entbehrten oft nicht der «Oberflächlichkeit», doch seinen Bach-Interpretationen konnte ich «einen gewissen Reiz nicht absprechen». Wie hat der grosse Joachim Kaiser einmal einen Artikel über Musikkritik überschrieben? «Lustige Verrisse, lahmes Lob». Da ist was dran: Tadeln ist viel einfacher und dankbarer als Loben. Gelegentlich durfte oder musste ich Beiträge über nicht-musikalische Themen schreiben. So schickte mich das «Volksblatt» einmal zum Jubiläumsanlass einer Renault-Garage. In jugendlichem Eifer glaubte ich, als Berichterstatter die ökologischen Schattenseiten des Autofahrens anprangern zu müssen. Das Inseratevolumen dieser Firma ist danach bei der Zeitung nicht gerade gestiegen.

Ich studierte an der Uni in Basel Germanistik im Hauptfach und Musikwissenschaft und Philosophie in den Nebenfächern. 1974/75 ging ich für ein Jahr nach Frankfurt am Main, um dem heimischen Nest zu entkommen und an der dortigen Goethe-Universität zu studieren. Ich wohnte im Studentenwohnheim an der Ludwig-Landmann-Strasse und kaufte mein erstes Auto, einen beigen NSU 1200. Dort besuchten mich einmal meine Basler Studienkollegen Anna und Peter Hagmann, Gabi Duci und Thomi Hupfer. Unvergesslich ist mir die Situation, als auf der stark befahrenen Strasse vor dem Studentenheim zwei Autos einen Auffahrunfall hatten. Anna, eine frühe Grüne, schaute aus dem Fenster meiner Bude und meinte mit dem süffisanten Lächeln der militanten Autogegnerin: «Es sin zwei Büxe inenanderkracht!»

Zeitungsartikel schrieb ich in jener Zeit keine, übte aber regelmässig Orgel, meist in der kleinen Kirche am Kurfürstenplatz. Nach meiner Rückkehr nach Basel konnte ich meine freiberufliche journalistische Tätigkeit wieder aufnehmen; man empfing mich mit offenen Armen. Meist blieb ich auf die Musik fokussiert, aber auch da gab es gelegentlich Pannen, und solche haften naturgemäss länger im Gedächtnis als die vielen pannenfreien Artikel. So fasste ich einmal einen Vortrag von Professor Tibor Kneif über «Rockmusik und Subkultur» zusammen und verwechselte prompt Jimi Hendrix und Frank Zappa, der «jung verstorben» sei. Ein humorvoller Leser der «Basler Nachrichten» schickte mir darauf eine handgefertigte Todesanzeige mit dem Namen des durchaus noch lebenden Frank Zappa. Das war 1976, ich war 25 und Popmusik war mir fremd. Zappa lebte danach noch munter 17 Jahre weiter.

Ich sollte erst viele Jahre später anfangen, mich für Pop- und Jazzmusik zu interessieren – als dilettierender Barpianist. Zwar begleitete ich in jungen Jahren sogenannte «Jazzmessen», aber im Grunde hatte ich keine Ahnung von dieser Musikrichtung. Dass es in meinem Leben eine späte Wendung zum Barpiano gab, verdient eine Erwähnung. Nach einem New-York-Besuch Ende 2011 verspürte ich Lust, mir ein Repertoire an Barpiano-Stücken anzueignen, kaufte eine Vielzahl leichter bis mittelschwerer Noten sowie ein E-Piano und übte statt Haydn und Schumann viel Cole Porter, Richard Rogers, George Gershwin, französische Chansons und deutsche Schlager. Meine «Karriere» begann im Februar 2013 im «Des Art's» am Barfüsserplatz und führte mich seither in unterschiedliche Lokale, zuletzt in die Café-Bar «Rosenkranz», sowie jeden Silvester ins Quartierzentrum Bachletten.

Spätes Hobby Barpianist, hier in der «Central Station», Foto Felix Räber

Dazu habe ich mir eine strukturalistische Selbstanalyse zurechtgelegt: Offenbar habe ich das frühere Orgelspielen in Gottesdiensten durch das Klimpern in Bars ersetzt. Das konnte gelingen, weil es strukturell nahe verwandt ist: Der Barpianist ist ebenso wie der Kirchenorganist kein solistischer Selbstdarsteller, sondern ein Hintergrund-Musiker, er ist nicht die Hauptperson und die Musik ist nicht die Hauptsache, sondern er ist nur Zuträger und seine Musik eine Ergänzung, eine Garnitur. Kaum jemand besucht ihretwegen einen Gottesdienst oder eine Bar, aber man fühlt sich wohl, wenn im Hintergrund etwas Stimmungsmusik läuft. Daher ist auch Applaus fehl am Platz, in beiden Fällen. Als ich diese Theorie einmal einer virtuosen Basler Organistin vortrug, schaute sie mich ziemlich konsterniert an.

Linke Musikkritik

Im gleichen Jahr, als ich über Frank Zappa stolperte, referierte ich in den «Basler Nachrichten» über ein Festkonzert von Mstislaw Rostropowitsch für den 70 Jahre alt gewordenen Paul Sacher und packte mein ganzes in Frankfurt und bei Arnold Künzli in Basel erworbenes und durch die Studentenrevolte von 1968 befeuertes links-soziologisches Vokabular aus, indem ich in dem Konzert ein «Nebeneinander von feudaler und bürgerlicher Konzertform» und gleich auch noch eine «säkularisierte Form des Gottesdienstes» erkannte. Ich war ein Salon-Marxist, ein bunter Hund in den bürgerlich-konservativen «Basler Nachrichten». Als ich das Cembalospiel von Isolde Ahlgrimm frech als «leblos» bezeichnete – inzwischen waren interessantere Musiker wie Gustav Leonhardt und Ton Koopman auf den Plan getreten –, bekam ich einen zornigen Leserbrief eines Ahlgrimm-Fans. Mein Redaktor Dr. Müry verteidigte mich und schrieb mir auf einer Postkarte: «Der Mann scheint mir nicht ganz normal zu sein; aber vielleicht können Sie ihm doch eine Antwort geben.»

Wie gross die Mitarbeiter-Not bei den damaligen Basler Zeitungen gewesen sein muss, illustriert die Tatsache, dass das «Volksblatt» mich 1977 mit der Aufgabe betraute, die Premiere der «Parsifal»-Inszenierung von Werner Düggelin am (damals noch ziemlich neuen) Stadttheater zu besprechen. Ich war alles andere als ein Opernkenner und hatte noch gar nie eine Wagner-Oper gesehen, machte meine Sache aber wohl nicht so schlecht. Den Düggelin'schen «Parsifal» fand ich «anti-traditionell», aber gleichwohl «echt wagnerisch», womit ich wahrscheinlich gar nicht so falsch lag. Danach schickte man mich Jungspund noch in manche Oper, und fast jede war neu für mich.

Als die «Basler Nachrichten» 1977 mit der «National-Zeitung» zur «Basler Zeitung» fusionierten, wurde der NZ-Musikredaktor Jürg Erni mein Chef. Ich trat nun in die Reihe erfahrener freiberuflicher Musikkritiker wie Rudolf Häusler, Beat von Scarpatetti, Pius Kölliker und Christiane Muschter. Gelegentlich schrieb auch der Schriftsteller Guido Bachmann Kritiken, die oft durch ihre Originalität auffielen. So bezeichnete er einmal das Vierhändig-Spiel eines Pianisten-Ehepaars im Titel als «Schenkelnahes Musizieren», was ein gewisses Befremden in der Leserschaft hervorrief. Peter Hagmann, Studienkollege und Organist wie ich, war damals engster Mitarbeiter Jürg Ernis, bis er sich eine grössere Aufgabe mit mehr Verantwortung suchte und zur «Neuen Zürcher

Zeitung» wechselte. Dort blieb er bis zu seiner Pensionierung 2015. Dass er als eher bürgerlicher Mensch in der linksliberalen «National-Zeitung» und ich als Linker in den konservativen «Basler Nachrichten» schrieb, diese Paradoxie ist wahrscheinlich nicht nur mir aufgefallen.

Erste grosse Recherche
Im Sommer 1977 betraute mich Jürg Erni mit einer anspruchsvollen Aufgabe. «Schreib doch mal was Grösseres über die Basler Jugendkonzerte, die liegen im Argen!», sagte er, und ich machte mich ans Recherchieren. Das Ergebnis war ein längerer Artikel mit dem Titel «Wer kümmert sich um Basels Konzertjugend?», der ein grosses Echo hervorrief. Vor allem in Orchestermusiker-Kreisen, denn ich hatte gefordert, das Orchester solle die Proben öffnen und für Schulklassen zugänglich machen. Unter den Leserbriefen fand sich einer von Curt Paul Janz, dem Bratscher und Nietzsche-Biografen, der sich als Chef der Musikergewerkschaft schützend vor seine Leute stellte. Sein langes Schreiben begann mit dem Satz: «Schiblis Artikel erweckt nach Umfang und Aufbau die Illusion einer gründlichen Studie. Es ist aber ein mit der linken Hand gemachtes Nebenprodukt, auf falschen Prämissen aufbauend, in die Irre führend in den Folgerungen, ohne genügende Kenntnisse in der Sache.» Der Mann hatte nicht recht, aber er konnte formulieren!

Rede anlässlich der Verleihung der Goethe-Plakette in der Aula der Universität Basel, 1978

In Basel zog ich in eine Wohngemeinschaft am Unteren Rheinweg 46, wo ich ein riesiges Zimmer mit Wintergarten hatte. Nie im Leben würde ich schöner wohnen, sagte ich damals, und das bewahrheitete sich. Mit dabei war mein Sabel-Klavier. Ende 1977 absolvierte ich das Lizentiat, heute Master genannt, als Hauptfach-Germanist mit einer Arbeit über «Neue Sachlichkeit in den Schriften von Siegfried Kracauer». Diese wurde von einer Jury der Fakultät als beste Liz-Arbeit des Jahrgangs ausgezeichnet, ich durfte eine kurze Rede in der Aula der Universität halten und erhielt die mit 2500 Franken mitsamt einer goldenen Münze dotierte Goethe-Plakette der Johann Wolfgang von Goethe-Stiftung. Dass diese vom politisch umstrittenen Hamburger Getreide-Grosshändler und Philanthropen Alfred Toepfer finanziert wurde, wurde mir erst später bewusst.

Mein Frankfurter Studienjahr wirkte nachhaltig. Nachdem ich lange geschwankt hatte, in welche fachliche Richtung ich mich entwickeln sollte, entschied ich mich für die Musikwissenschaft. Nicht zuletzt, weil ich die Erfahrung gemacht hatte, dass mir das Schreiben über Musik verhältnismässig leicht fiel. 1978 ging ich erneut nach Frankfurt am Main, um in Musikwissenschaft zu doktorieren und Seminare und Vorlesungen in Philosophie zu besuchen (unter anderem bei Jürgen Habermas, Karl-Otto Apel und Alfred Schmidt). Ich hatte an einem Vortrag in Basel den Frankfurter Musikwissenschafts-Ordinarius Professor Ludwig Finscher gehört und war von ihm so beeindruckt, dass ich ihn fragte, ob ich bei ihm promovieren dürfe, und zwar über Arnold Schönberg. Für diesen Hauptfach-Wechsel musste ich eine Ergänzungsprüfung in Musikwissenschaft ablegen, die ich problemlos bestand. Mein Doktorvater, der Hindemith-Herausgeber und Streichquartett-Spezialist Finscher, bildete einen Kontrast zur «Frankfurter Schule», welcher ich seit meinen Basler Jahren anhing, aber er war gesprächsoffen und keineswegs reaktionär. Aus der Beschäftigung mit Schönberg resultierte dann nicht die Dissertation, aber wenigstens der Aufsatz über die einsätzigen Formen beim frühen Schönberg, der im «Archiv für Musikwissenschaft» erschien – mein Ritterschlag als Musikologe.

Ich bewohnte damals ein möbliertes Zimmer an der Oberlindau im Frankfurter Westend, mit mir mein Neupert-Spinett und im Zimmer neben mir ein italienischer Bauarbeiter, der jeden Morgen ziemlich gut Arien von Verdi und Puccini sang, bis ich mit meinem Freund Andreas Simm eine Wohngemeinschaft bildete und an den Reuterweg 73 ebenfalls im Westend zog. In jener Zeit lernte ich im Doktorandenseminar des Musikwissenschaftlichen Seminars Eeva-Taina Forsius kennen, die später meine Frau und die Mutter meiner Töchter Aleksandra und Iris wurde. Und damals kam ich in Kontakt zum Frankfurter Soziologen Professor Ulrich Oevermann, dem Begründer der «Objektiven Hermeneutik», der beträchtlichen Einfluss auf mein Denken hatte.

Lehrmeister aus Österreich

Die «Basler Zeitung» hatte damals einige international tätige musikkritische Korrespondenten, unter ihnen Claus-Henning Bachmann, Frieder Reininghaus und Dietmar Polaczek. Der Österreicher Polaczek war fest angestellt bei der «Frankfurter Allgemeinen Zeitung» und kannte meinen Namen und meine «Schreibe» von der BaZ her. Ausserdem komponierte er ein wenig. So zum Beispiel das Orgelstück «Brei und Brocken», dessen Titel seinem Verleger allerdings gar nicht behagte. Es wurde dann umbenannt in «Hommage à Satie»… Erstaunlich übrigens, wie viele Musikkritiker ursprünglich Organisten waren. Darüber habe ich oft nachgedacht, aber nie eine Erklärung dafür gefunden.

Als Polaczek hörte, dass ich nach Frankfurt gezogen war, meldete er sich bei mir und bot mir an, für die FAZ zu schreiben. Das lehnte ich natürlich nicht ab, und es ergab sich eine fruchtbare Zusammenarbeit über neun intensive Jahre. Polaczek und sein Kollege Gerhard R. Koch sowie die für die lokale Konzertkritik zuständige Ellen Kohlhaas (von den männlichen Kollegen «die Kohlmaus» genannt), später der Polaczek-Nachfolger Wolfgang Sandner, schickten mich in viele lokale Konzerte, so dass ich etwa Nikolaus Harnoncourt und den «Concentus Musicus Wien» schon hören konnte, als die «historische Aufführungspraxis» noch nicht in Mode war, und eine Hymne auf den Pianisten Grigory Sokolow schrieb, als dieser im Westen noch unbekannt war. Ich erlebte die Eröffnung der Alten Oper ebenso wie den Brand des Frankfurter Opernhauses mit – eine in jeder Hinsicht spannende Zeit.

Auch Opern gehörten zu meinem Aufgabenbereich, wobei die Festspiele in Salzburg und Bayreuth natürlich Chefsache waren. Aber ich erhielt viele willkommene Gelegenheiten, meinen Opern-Horizont zu erweitern und mein Handwerk zu schulen. Im Oktober 1978 durfte ich für die FAZ Jean-Pierre Ponnelles Stuttgarter Inszenierung von Wagners «Walküre» besprechen. Da stand in der Zeitung der Satz: «Ponnelles Gespensterrepertoire ist klug disponiert...». Geschrieben hatte ich natürlich etwas Anderes, nämlich «Ponnelles Gestenrepertoire». Keine Ahnung, was sich die Leute von der Texterfassung oder Korrektur dabei gedacht hatten! Die Redaktion brachte ein Korrigendum, in dem sie gleich noch einen anderen Fehler (nicht von mir) berichtigte: Italienische Operndirektoren würden Verträge «mit Sozialisten» abschliessen, hatte es statt «mit Solisten» geheissen.

Frankfurter Autor, 1983,
Foto Harald Stuckmann

Wie viel Vertrauen die Frankfurter Redaktion in mich setzte, zeigt die Tatsache, dass sie mir die Besprechung der Freiburger Inszenierung der Oper «Christophorus» von Franz Schreker anvertraute. Es war die Uraufführung eines 50 Jahre alten Werks und ein Bestandteil der «Schreker-Renaissance» jener Jahre. Diese war vom Regisseur Hans Neuenfels mit initiiert worden, der an Michael Gielens Frankfurter Oper spektakulär die Schreker-Oper «Die Gezeichneten» inszeniert hatte, worüber ich als Frankfurter Kulturkorrespondent in der BaZ schreiben durfte. Ich erinnere mich gut daran, dass ich mit drei grossformatigen Partiturbänden des «Christophorus» im Freiburger Theater aufkreuzte, wie wenn man während einer Opernaufführung mitlesen könnte. Immerhin nahm ich die Aufgabe ernst. Nach meiner Erfahrung geniessen Schweizer, die in Deutschland arbeiten, einen gewissen Bonus. Sie gelten als sachorientiert und zuverlässig, was für einen freien Journalisten gewiss von Vorteil ist. «Sind Sie vielleicht Schweizer?», schrieb mir «eine alte FAZ-Leserin» nach einem meiner Artikel. «In manchen Ihrer Formulierungen meine ich dies erkennen zu können. Dieser individuelle Zug macht Ihre Kritiken ausgefallen und lebendig.» Vielleicht hätte sie auch durch meinen Namen auf diese Vermutung kommen können…

Eine andere Leserin schickte mir eine Postkarte mit der Anrede «Sehr geehrter Herr Negativ» – ich war eben ein ziemlich gnadenloser Kritiker und durchtränkt von der Adorno'schen Rancune gegen alles Affirmative. Ein Konzert von Aurèle Nicolet und Karl Richter verriss ich in der Luft, und als Karl Richter wenige Tage danach starb, hatte ich doch ein etwas mulmiges Gefühl. Sehr viel später erfuhr ich, dass der Organist Richter dem Soziologen Adorno einmal die Geliebte ausgespannt hatte, worauf Adorno seinen Aufsatz «Bach gegen seine Liebhaber verteidigt» schrieb…

Der Hang zum manchmal forciert Originellen verband mich mit Redaktor Polaczek, der eine Vorliebe für das Paradoxe und Absurde hatte. Ich erinnere mich an den Titel einer Buchbesprechung von ihm: «Gibt es eine österreichische Musik und wenn ja, warum nicht?» Als er mich einmal nach Bad Harzburg an die neu gegründeten Bad Harzburger Musiktage schickte, erwies ich mich als gelehriger Polaczek-Schüler. Mein Artikel begann mit dem Satz «In Bad Harzburg gibt es nicht nur Rauhaardackel, sondern auch ein Musikfestival». Auch da gab es beleidigte Leserbriefe. Ich sehe noch das Schmunzeln auf Polaczeks Gesicht, als ich ihm das Manuskript in die Hand drückte. Er verstand es, seine Wertschätzung mit einer Prise freundlicher Ironie zu würzen. Einmal sagte er zu mir, als er gerade am Planen einer Schallplatten-Beilage war: «Uns fehlt noch ein Schibli!» und gab mir eine diskografische Neuerscheinung mit.

Polaczek war neben dem eher linksintellektuell orientierten Gerhard R. Koch mein wichtigster publizistischer Mentor in den Frankfurter Jahren. Zu den freien Mitarbeitern der FAZ-Musikredaktion zählten damals zwei junge Männer, die später grosse Karrieren machen sollten: Bernd Loebe, der spätere langjährige Frankfurter Operndirektor, mit dem ich locker befreundet war, und Mathias Döpfner. Er nannte sich damals etwas kryptisch «M. O. C. Döpfner», hatte ein Taschenbuch über Erotik in der Musik geschrieben und war als Musikkritiker ausserordentlich vielseitig, inklusive Pop, Rock und Jazz. Der schlaksige Blonde ging später nach Berlin und brachte es bis zum CEO des Axel Springer-Konzerns.

Eine grossartige Spielwiese für mich war die sogenannte Tiefdruckbeilage der FAZ, die jeweils am Samstag erschien und dank verbesserter Drucktechnik und glattem Papier die Fotos gut hervortreten liess. Ich erhielt mehrfach Gelegenheit, auf dieser noblen Plattform ganzseitige Artikel zu veröffentlichen, so unter anderem über einen John-Cage-Abend im Frankfurter Städel, über Norwegens Musikleben (aufgrund einer Pressereise), über die Akustik des Luzerner KKL, über Paul Sacher und über eine frühbarocke «Masque» in der Basler Martinskirche. Per Auftrag konnte ich so eine Dienstreise in meine Heimatstadt Basel machen!

«Schrrreiben Sie nicht für Musikerrr...»

In den frühen Achtzigerjahren arbeiteten in der FAZ einige herausragende Intellektuelle, die weit über den Journalismus hinaus bekannt waren. So amtierte der renommierte Historiker und Hitler-Biograf Joachim Fest als für die Kultur zuständiger Herausgeber (einen Chefredaktor hatte die Zeitung nicht). Mit ihm hatte ich nie persönlich, wohl aber indirekt zu tun. Ob er meine Arbeit geschätzt hat, weiss ich nicht, mindestens behinderte er mich nicht. Einmal allerdings liess er mir eine kleine Rüge zukommen, da ich mich im Konzert in der Alten Oper nicht angemessen benommen haben soll (vielleicht tratschte ich mit meiner Freundin Irene Haarmann oder war nicht standesgemäss gekleidet, keine Ahnung). Ein andermal schickte mich die Zeitung als Berichterstatter an den Orgelwettbewerb in Budapest. Es war noch deutlich vor der Wende, und ich erinnere mich daran, dass die Organisten aus der DDR immer von einem «Wachhund» beschattet wurden. Als Schweizer brauchte ich für diese Reise ein Visum, das 50 DM kostete. Herr Fest genehmigte meine Dienstreise im eigenen BMW sowie alle anfallenden Spesen, weigerte sich aber, die Kosten für das Visum zu übernehmen.

Eine andere prominente Persönlichkeit in den Reihen der FAZ war Marcel Reich-Ranicki, der gefürchtete Literaturkritiker. Er verantwortete das Ressort Buch, zu dem damals auch Sachbücher gehörten. Eines Tages führte mich der Musikredaktor Gerhard R. Koch zu ihm und stellte uns gegenseitig vor. Reich-Ranicki holte von seinem Schreibtisch einen Stapel Bücher, die alle mit Musik zu tun hatten, und überreichte sie mir zur Rezension. Sein Begleitsatz klingt mir immer noch in den Ohren: «Schrrreiben Sie nicht für Musikerrr, schrrreiben Sie für Menschen!» Fürwahr ein guter Ratschlag! Das versuchte ich nach bestem Wissen. «MRR» druckte drei der von mir eingereichten Manuskripte und versenkte den Rest im Papierkorb.

Mein Skrjabin-Buch und die Rezension von Carl Dahlhaus

Gleichwohl habe ich allen Grund, der FAZ und Marcel Reich-Ranicki dankbar zu sein: Als 1983 mein Skrjabin-Buch erschienen war, erhielt selbstverständlich auch die

FAZ ein Rezensionsexemplar. Sie schickte es dem renommiertesten Musikologen deutscher Zunge, Professor Carl Dahlhaus in Berlin, zur Besprechung. Diese erschien, eine ganze Spalte lang, am 24. Dezember 1983 in der Tiefdruckbeilage der Zeitung. Weihnachten pur! Mein Erstaunen darüber wurde durch die Freude ergänzt, dass Dahlhaus' Urteil rundum positiv war. Amüsiert hat mich seine Aussage, ich hätte mich für die irrationalen, mystischen Anwandlungen Skrjabins dadurch gerächt, dass ich ihn einer Art von Psychoanalyse unterzog. Das war übrigens eine Folge meines inoffiziellen Studiums bei Professor Oevermann und meiner Freundschaft zu zweien seiner Adepten, Martina Leber (heute selber Psychoanalytikerin) und Andreas Simm (Soziologe). Als dann noch eine ebenso glänzende Besprechung des Schönberg-Biografen Hans Heinz Stuckenschmidt in der «Neuen Zürcher Zeitung» erschien (neben diversen Rezensionen in weiteren Medien), war das Glück des Buchautors vollkommen.

Das Wunder der Verlagsfindung

Wie es zu diesem Buch gekommen ist, das ist eine eigene Geschichte. Ich war um 1980 nicht nur freier Mitarbeiter der FAZ, sondern auch des Hessischen Rundfunks. Dort stellte ich Musikprogramme zusammen und schrieb Moderationstexte und Konzerteinführungen. So erhielt ich Gelegenheit, das Radio-Handwerk zu erlernen und in all seinen Erscheinungsformen vom Kurzbericht im Morgen-Magazin bis zum zweistündigen Feature zu erproben. Einmal durfte ich den berühmten Minimal-Music-Komponisten Steve Reich interviewen, dem ein kleines Festival im Hessischen Rundfunk gewidmet war. Ich stand dieser Musikströmung skeptisch gegenüber und liess das den Komponisten spüren. In gut neomarxistischer Manier fragte ich ihn, ob die von ihm vertretene repetitive Musik nicht ein Abbild der Entfremdung des Menschen in der modernen Leistungsgesellschaft sei. Er antwortete leicht konsterniert, diese Frage würde ihm so nur in Deutschland gestellt. In der Tat war die deutsche Musikkritik stark von Adornos Neomarxismus beeinflusst.

Eine spezielle Erinnerung habe ich an einen alten, sehr erfahrenen Tonmeister, der mich betreute, als ich zum ersten Mal am Mikrofon sass und – sicherlich einigermassen verkrampft – einen eigenen Text einsprach. Er unterbrach mich nach wenigen Minuten und sagte: «Herr Schibli, könnten Sie nicht Ihren schweizerischen Akzent etwas stärker zur Geltung bringen?» Dabei hatte ich mir alle Mühe gegeben, «korrekt» Hochdeutsch zu sprechen, aber er hätte lieber eine Art von «Emil-Hochdeutsch» gehört…

Musik-Abteilungsleiter im HR war damals Leo-Karl Gerhartz, ein erfahrener und ruhiger, vor allem im Opernbereich äusserst kompetenter Musikjournalist, der kriegsbedingt nur eine Hand hatte. «Der Leo überwölbt das alles», sagte einmal der Kollege Loebe, als Gerhartz einen Opernabend live moderierte, was mit mancherlei Unvorhergesehenem verbunden sein kann. Im März 1980 rief mich Gerhartz in sein Büro und erzählte mir, dass die ARD (zu welcher der Hessische Rundfunk gehörte) sämtliche Werke von Alexander Skrjabin neu aufgenommen habe, die Orchesterwerke eingespielt vom eigenen Frankfurter Rundfunk-Sinfonieorchester und die zahlreichen Klavierwerke von mehreren namhaften Pianisten. Diese Aufnahmen wolle man nun ausstrahlen, ergänzt durch einführende Texte, die ein gewisses musikologisches Fachwissen erforderten. Und diese Aufgabe wolle er mir anvertrauen.

Es war eine wahre Riesenkiste, wie es sie heute im Radio längst nicht mehr gibt: zehn Sendungen zu zwei Stunden, jeweils ungefähr 80 Prozent Musik und 20 Prozent Text. Ich hatte einiges von Skrjabin gehört, aber keine genaue Vorstellung von seiner Musik. Nach ein paar Tagen Bedenkzeit sagte ich zu und stürzte mich in die Arbeit, die mich rund ein halbes Jahr lang beschäftigte – neben der Rezensionstätigkeit für die FAZ und Korrespondentenberichten für die BaZ. Das Ganze war für mich lukrativ und für den Sender gewiss keine Blamage. Als die zehn Sendungen ausgestrahlt waren, hatte ich eine Art postnatale Depression. «Das versendet sich», sagten Kollegen vom Rundfunk, die dieses Gefühl kannten. Einmal ausgestrahlt, ist die Sendung weg. Aber wie das Erarbeitete festhalten für die Ewigkeit, auch wenn diese nur ein paar Jahre dauert? Mit einem Buch!

Ich machte mich erst brieflich auf die Suche nach einem Verlag. Die deutschen Musikverlage winkten alle ab: «Kommerziell nicht interessant». Wir wohnten damals an der Wilhelm-Hauff-Strasse unweit der Frankfurter Messe, und so streifte ich im Herbst 1980 einfach durch die Gänge der Frankfurter Buchmesse. Ich wusste, dass der Münchner Piper-Verlag auch Musikbücher verlegte, unter anderem solche von Joachim Kaiser und Hans Heinz Stuckenschmidt. Respekt einflössende Autoren! Am Stand des Piper-Verlags stand dessen Cheflektor Dr. Klaus Stadler, dem ich mein Anliegen kurz erläuterte. Seine spontane Reaktion war vielversprechend: Der Verleger, der alte Klaus Piper, sei ein Hobby-Pianist und von Skrjabin begeistert, er suche schon lange nach einem Autor für eine Monografie über diesen interessanten Komponisten der Wende vom 19. zum 20. Jahrhundert. Meine Stunde schlug. Ich verfertigte ein Exposé und erhielt einen Verlagsvertrag inklusive Vorschuss.

Das Ergebnis lag, 421 Seiten stark, im Herbst 1983 in meinen Händen, verkaufte sich gut und brachte mir überdies den Doktortitel ein – meine angefangene Dissertation über die «Neue Sachlichkeit in der Musik» dampfte ich auf einen Aufsatz im Hindemith-Jahrbuch ein, und alles war gut. Nachdem die erste Auflage von 3000 Exemplaren ausverkauft war, erhielt ich die Rechte an dem Skrjabin-Buch und überliess es «Books on Demand», wo es bis heute unverändert nachgedruckt wird. Stück für Stück, gleich nach Bestelleingang. Drei Jahre später beauftragte mich der Piper-Verlag mit einem Büchlein über Franz Liszt anlässlich seines 100. Todesjahres. Es erhielt höchstes Lob von Nike Wagner, der Urenkelin von Richard Wagner und Cosima geborene Liszt. Ich galt inzwischen als «Frankfurter Autor» und tauchte als solcher in einem Sammelband von Schriftstellern aus Frankfurt am Main auf.

Zum Kapitel «Radio» gehört auch meine Mitwirkung in Sendungen, in welchen Interpretationen eines Werkes verglichen werden. Das war einerseits die «Diskothek» im

Schweizer Kulturradio und andererseits beim Südwestfunk Baden-Baden eine ähnliche Sendung, die «Raterunde» hiess und vom englischen Komponisten Jolyon Brettingham-Smith moderiert wurde. Er war ein kenntnisreicher und witziger Moderator, der mit einem hübschen englischen Akzent sprach und die Angewohnheit hatte, schon beim Mittagessen im «Tannenhof» mindestens eine Flasche Rotwein zu trinken. Danach nahm er manchmal noch eine Flasche Whisky in die Aufnahme – er war am besten, wenn er getrunken hatte. Er ist während einer Aufnahme in einem Berliner Studio mit 59 Jahren zusammengebrochen und gestorben. Ebenfalls für den Südwestfunk nahm ich grössere Sendungen über Alexander Skrjabin, John Dowland und das Laien-Musizieren auf.

Wenn ich etwas bedaure in meiner beruflichen Biografie, dann die Tatsache, dass ich verhältnismässig wenig Rundfunk gemacht habe. Fernsehen machte ich gar nur ein einziges Mal: Der Hessische Rundfunk wollte einen 15-Minuten-Beitrag über Beethovens Spätwerke senden. Wie kann man ein so abstraktes Thema fernsehgerecht umsetzen? Natürlich durch Personalisierung. Ich führte ein Interview mit Walter Levin vom LaSalle-Quartett, den ich von Basel her kannte – im Zug von Frankfurt nach Köln. Hinzu kamen ein paar Fernsehbilder aus Wien sowie Filmszenen von Jean-Luc Godard, der die späten Beethoven-Quartette offenbar liebte. Ich habe die Fernseh-Arbeit als unerhört aufwändig in Erinnerung, sie entsprach nicht meiner Ungeduld, und die vom Medium her geforderte Dominanz des Bildes schien mir nicht zur Musik zu passen.

Sacher, Adorno, Gielen

Mein früherer Professor Ernst Lichtenhahn, damals wissenschaftlicher Leiter der Paul Sacher Stiftung im Haus «Auf Burg» am Basler Münsterplatz, rief mich eines Tages in Frankfurt an und sagte mir, die Sacher-Stiftung suche einen wissenschaftlichen Mitarbeiter, und das könne doch etwas für mich sein. Ich strebte zwar nicht unbedingt zurück in die Heimat, doch klang die Sache nicht uninteressant. Ich hatte danach ein Bewerbungsgespräch mit dem damals 77-jährigen Sacher, das etwas merkwürdig verlief – er wechselte plötzlich ins Französische, um meine Sprachkenntnisse zu testen, und als ich nach dem Gehalt fragte, antwortete er geheimnisvoll: «Mer zahle nit firschtlig, aber rächt.» Danach hörte ich nichts mehr von ihm, und als ich nachzufragen wagte, kam ein Brief von ihm: «Die Stelle wird vorläufig nicht besetzt.» Ich erfuhr später, dass sie sehr wohl besetzt wurde, halt mit einer anderen Fachkraft. Mächtige Leute müssen offenbar nicht ehrlich sein.

Im Hessischen Rundfunk und an der Zeitung wirkte damals als Freelancer ein Musikjournalist namens Manfred Karallus, mit dem ich mich anfreundete. Er hatte über Strawinsky promoviert und arbeitete auch als Redaktor bei der «Neuen Zeitschrift für Musik». Diese älteste noch bestehende Musikzeitschrift der Welt erschien bei Schott in Mainz, war aber immer ein Problemkind dieses Musikverlags. Sie sollte zugleich die Komponisten des Verlags (unter ihnen Ligeti, Henze, Penderecki und ältere wie

Richard Strauss, Paul Hindemith und Engelbert Humperdinck) promoten und zugleich verlagsunabhängig interessanten Lesestoff bieten. An dieser komplexen Aufgabe waren schon mehrere Verlagsredaktoren gescheitert. Nun suchte man wieder einen solchen, und Manfred meinte, ich sollte mich dafür bewerben. Ich tat das und wurde angenommen.

Titelseite der Neuen Zeitschrift für Musik, April 1985

Vier Jahre lang machte ich den Job, fuhr zwei oder drei Mal pro Woche mit meinem BMW von Frankfurt nach Mainz, parkte im wunderbaren Innenhof des Weihergartens, wo der traditionsreiche Verlag residierte (Kalauer: «Kommst du in den Weihergarten, siehst du schon die Geier warten.») und ging hinauf in mein Büro. Elf Mal im Jahr erschien die Zeitschrift, die Auflage kam nie über 3600 Exemplare hinaus, und es war oft ein Wettlauf mit der Zeit. Leider auch ein Kampf mit der Disziplin meiner externen Redaktionskollegen. Wir hatten so viel Streit, dass ich 1987 dem Verlagsleiter und Eigentümer Dr. Peter Hanser-Strecker erklärte: Entweder die (darunter Freund Manfred) oder ich! Er entschied sich für mich und entliess den Rest der Redaktion. Ich holte die Musikwissenschaftler Peter Niklas Wilson und Lotte Thaler in die Redaktion und führte das Blatt noch ein Jahr weiter. 1988 wurde Lotte meine Nachfolgerin auf dem Stuhl (oder Schleudersitz) der Verlagsredaktion der NZfM. Immerhin war ich seit längerer Zeit der erste Herausgeber dieses Blattes, der nicht entlassen wurde, sondern freiwillig ging. Ich bin seither sehr vorsichtig geworden, was die Zusammenarbeit mit Freunden betrifft.

Weihergarten, Sitz des Schott-Verlags in Mainz

Noch während meiner Frankfurter Zeit, die insgesamt zehn Jahre dauerte, erhielt ich eine Anfrage vom Kulturmanager Peter Hahn. Er hatte von der Stadt den Auftrag erhalten, die Veranstaltungen zum Gedenken an die «Reichskristallnacht» 1938 im September 1988 zu leiten, und ich wurde sein Mitarbeiter. Wir organisierten unter anderem ein abendfüllendes Konzert in der Alten Oper ausschliesslich mit Werken von Theodor W. Adorno, den man zwar als Soziologen, Philosophen und Kulturkritiker kannte, nicht aber als Musikschöpfer. Ich schrieb das Programmheft, in welchem nicht nur die Liedtexte abgedruckt waren, sondern auch ein kleiner Essay von mir über den Komponisten Adorno – gewissermassen Pionierarbeit. Die Stadt liess sich nicht lumpen und liess uns das städtische Orchester unter Gary Bertini, einen Berufschor, ein Streichquartett, eine Sängerin und einen Pianisten engagieren – ein im Normalbetrieb unbezahlbarer Aufwand für ein einziges und einmaliges Konzert. Die nicht wenigen praktischen Probleme, die wir zu lösen hatten – unter anderem wegen der Absage der eigentlich vorgesehenen Sängerin – brachten mich zu der Erkenntnis, dass das Veranstalten von Konzerten nicht meine Zukunft sein könne.

Adorno-Konzert und -Symposium in Frankfurt am Main, 1988

Damit in Verbindung stand ein Symposium über Adorno als Komponist, das ich vorbereitete und leitete. Es war für mich eine Premiere und eine Gratwanderung in mehrfacher Hinsicht. Schon wegen der anspruchsvollen Thematik, dann auch wegen des Veranstaltungsortes. Vorgesehen war der Saal der Deutschen Bank, einer der wenigen mittelgrossen Säle der Stadt, in welchem zum Beispiel die (damals von Alexander Pereira geleiteten) Frankfurter Bach-Konzerte stattfanden. Weder Peter Hahn noch ich dachten an das politisch Heikle dieser Ortswahl – schliesslich war die Deutsche Bank in der Nazizeit in die Judenverfolgung verstrickt. Aber wir unterschätzten die Empörungsbereitschaft der linken Intelligenz. Der radikal links stehende Komponist Mathias Spahlinger machte mächtig Wind gegen unsere Veranstaltung, worauf wir uns gezwungen sahen, einen neuen Ort zu suchen. Diesen fanden wir im Saal der Musikhochschule.

Das Symposium war ein Erfolg, abgesehen davon, dass viele Vorträge (unter anderem jener von Ulrich Oevermann) viel länger dauerten als vorgesehen. Ich hatte nicht die Kraft, die Referenten «abzuwürgen», und am Ende waren wir fast zwei Stunden im Verzug. Einen Satz aus dem Referat des früheren Adorno-Assistenten Heinz-Klaus Metzger habe ich noch im Ohr: «Adorno hatte wie viele Komponisten in seinem Schaffen drei Phasen. Zuerst komponierte er tonal, dann komponierte er atonal, und schliesslich komponierte er gar nicht mehr.» Alle wichtigen Medien waren präsent und berichteten ausführlich über unsere Veranstaltung. Ein Teil der Vortragstexte ging in den «Musik-Konzepte»-Band 63/64 über den Komponisten Adorno ein.

Ebenfalls gegen Ende meiner Jahre im Frankfurter «Exil» beteiligte ich mich mit Professor Oevermann an einer Bürgeraktion. Der Dirigent Michael Gielen, der die Oper und die Museumskonzerte leitete und einen äusserst interessanten Kurs fuhr, hatte angekündigt, Frankfurt verlassen zu wollen. Das fanden seine Anhänger, zu denen ich zählte, nun gar nicht gut. Wir hatten den Eindruck, dass die Stadt zu wenig getan hatte, um Gielen zu halten. Daher sammelten wir Unterschriften bei herausragenden Persönlichkeiten der Stadt und reichten den Kulturverantwortlichen eine Petition ein. Das Gewicht von Bankiers, Museumsdirektoren, Professoren etc. sollte bewirken, dass Frankfurt nochmals mit Gielen verhandelte. Dieser war sichtlich beeindruckt von der Aktion und erklärte sich tatsächlich bereit, seinen Vertrag doch noch um zwei Jahre zu verlängern. Inzwischen hatte die Stadt aber mit Gary Bertini verhandelt und ihn als Nachfolger Gielens unter Vertrag genommen. Dies führte zu einer skurrilen Meldung in der israelischen Presse, Frankfurter Bürger wollten einen jüdischen Dirigenten verhindern. Dabei wollten sie einen (ebenfalls jüdischen) Dirigenten halten!

Zurück in die «Provinz»

In der Zeit meiner intensiven Vorbereitung auf die Gedenkveranstaltungen zur «Reichskristallnacht» klingelte in meinem Büro an der Wilhelm-Hauff-Strasse – es befand sich in der Küche unserer kleinen Wohnung – das Telefon. Jürg Erni aus Basel überfiel mich mit der Frage: «Sigi, willsch Du mi Job ha?» Jürg wechselte nach 17 Jahren als Zeitungsmann zum Radio, wo er bis zu seiner Pensionierung blieb. Ich war überrascht und reagierte mit einem spontanen «Nein, danke» – es gefiel mir gut in Frankfurt und ich hatte ja einigen Erfolg. Andererseits war mein Einkommen starken Schwankungen unterworfen, wir hatten ein kleines Kind und das zweite war unterwegs, und so diskutierten Eeva-Taina und ich das Angebot gründlich und machten eine Pro-und-Contra-Liste. Wir vereinbarten ein Gespräch mit dem Chefredaktor der BaZ, Hans-Peter Platz, im vierten Stock des Verlagshauses an der Hochbergerstrasse in Kleinhüningen. Eeva-Taina und die halbjährige Iris waren dabei, als Platz mir ein konkretes Lohnangebot machte, und es kam, wie es kommen musste: Ich wurde im Oktober 1988 Musikredaktor der BaZ. Die Familie war schon im September nach Basel gezogen, wo wir eine schöne Wohnung am Nonnenweg 6 bezogen; ich musste noch ein paar Wochen in Frankfurt ausharren und nahm dann wenige Tage nach dem Symposium Abschied von meiner zweiten Heimat.

Mein Arbeitsplatz in der BaZ an der Hochbergerstrasse 15 Basel

Basel war und ist zwar eine stinkreiche Stadt, aber im Vergleich zu Frankfurt doch eine Nummer kleiner und publizistisch unbedeutender. Grosse Buchverlage und Medienkonzerne gibt es hier nicht, die Zeitungen sind provinziell, und die Universität wirkte auf mich gemütlich, aber geistig wenig anregend. Schliesslich waren die Zeiten von Karl Jaspers, Karl Barth und Walter Muschg lange vorbei. Im musikwissenschaftlichen Seminar sassen wir manchmal zu viert um einen Tisch herum, während die Seminare von Professor Finscher in Frankfurt voll waren (ganz zu schweigen von den Habermas-Vorlesungen in Philosophie, die im grössten Hörsaal der Universität stattfanden). Die Selbstzufriedenheit meiner Heimatstadt wurde mir wieder richtig bewusst, der Mangel an geistiger Grösse, an Bereitschaft zur Auseinandersetzung, an Mut. Wenn man einmal hier ist, kommt man nicht mehr weg, dachte ich, und so war es dann auch.

Druck- und Verlagshaus der Basler Zeitung an der Hochbergerstrasse 15

Immerhin hatte ich mit Reinhardt Stumm einen Feuilleton-Chef, der etwas grossstädtisches Flair (und überdies eine «Berliner Schnauze») in die Redaktion brachte. Der frankophile gelernte Gärtner Stumm verstand nicht viel von Musik (in seinem Buch über Rosen verwechselte er Berlioz und Boulez), er liess mich aber wirken. Und ich blähte die Musikkritik in der Basler Zeitung mächtig auf. Ich erinnere mich an eine Ausgabe, in der ich nicht weniger als fünf Konzertkritiken unterbrachte, davon zwei von mir und drei eingekaufte. Worauf mich Stumm mit seinen dunkelbraunen Augen freundlich ansah und fragte: «Musste das wirklich sein?» Ich hatte manche Auseinandersetzung mit ihm, aber immer auf der Basis gegenseitiger Wertschätzung. Seine Kompromisslosigkeit und seine Kreativität gefielen mir. Er besprach einst eine Premiere der «Räuber» von Schiller am Theater. Sein Text bestand einfach aus der Besetzungsliste, darunter stand: «Leider.» Das war legendär. Und er hatte Humor. Als einmal ein einspaltiger Artikel etwas zu wenig Zeilen hatte, setzte er die Rubrik für Kurzmeldungen darunter, die «Kurz» hiess, mit dem Text: «Zu kurz, um kurz zu sein.»

Noch bevor ich nach Basel umzog, musste ich gewisse Aufgaben der BaZ-Musikredaktion wahrnehmen. Damals tobte in Basel ein Abstimmungskampf um die Trägerschaft des Sinfonieorchesters und des Radio-Sinfonieorchesters. Bisher «gehörte» der grössere Klangkörper der Basler Orchester-Gesellschaft (BOG) und der kleinere der SRG, die aus Kostengründen diese Last loswerden wollte. Eine Gruppe tendenziell sozialdemokratischer Lokalpolitiker wollte die Orchester einer neu zu gründenden staatsnahen Stiftung übergeben, während bürgerlich-liberale Kreise die BOG erhalten wollten. Es fiel mir nicht leicht, aus der Distanz eine begründete Meinung zu haben und einigermassen objektiv über den Sachverhalt zu berichten. Ich tat dies nach bestem Wissen und Gewissen und empfahl der Leserschaft, die alte, starr und unbeweglich gewordene BOG zu verabschieden und dem Stiftungsmodell zuzustimmen. So entschied denn auch das Stimmvolk des Kantons Basel-Stadt. Heute stände ich dieser «Verstaatlichung» kritischer gegenüber, zumal das Versprechen der Initianten, die beiden Sinfonieorchester könnten so am Leben bleiben, nicht gehalten wurde.

Ebenfalls am Vorabend meiner Rückkehr nach Basel schrieb ich sehr kritisch über ein Libretto von Hansjörg Schneider zu einer Oper von Jost Meier. Stumm änderte meinen Titel und schrieb irgendwas von Bier hin, obwohl in dem ganzen Stück (und auch in meinem Artikel) keine Rede von Bier war. Er war halt manchmal etwas eigensinnig! Schneider war über den Artikel so erbost, dass er mir eine Postkarte schickte mit dem Text: «Lecken Sie mich doch am Arsch!» Erstaunlicherweise erinnerte er sich noch über zwanzig Jahre danach an diese Karte, und nachdem ich einmal sehr positiv über seinen Freund Jost Meier geschrieben hatte, kam wieder Post von Hansjörg Schneider, diesmal mit einer Entschuldigung für «damals». Dieses Beispiel zeigt, dass auch sogenannte Kulturschaffende häufig in einem Freund-Feind-Schema befangen sind und sich nicht vorstellen können, dass ein Kritiker eines ihrer Produkte gutheissen und ein anderes kritisieren kann.

Das andere «A-Erlebnis» meiner Journalistenkarriere liegt erst wenige Jahre zurück; die Redaktion war inzwischen an den Aeschenplatz gezogen, und Christoph Blocher war der geheime Eigentümer des Unternehmens. Damals besprach ich in der BaZ das Buch über den neuen, luxuriösen Jazzcampus im Kleinbasel und spekulierte ein wenig über die geheim gehaltenen Baukosten. Darüber war der Leiter der Jazzschule so wütend, dass er mir ein harsches E-Mail schickte mit dem Satz: «Du bist einfach so ein Arschloch!». Dabei waren wir nicht einmal per Du. Ich wollte das nicht auf mir sitzen lassen und erwog eine Anzeige wegen Beleidigung. Sicherheitshalber fragte ich den (später von einem Nachbarn erschossenen) Konzernanwalt Martin Wagner um seinen Rat. Er meinte: «Eine Anzeige bringt Ihnen nichts, das dauert ein Jahr, und Sie haben am Ende nichts davon. Veröffentlichen Sie doch einfach dieses Mail in der BaZ!» Das machte ich, und der Effekt war durchschlagend.

Redaktion der BaZ in der ehemaligen Börse am Aeschenplatz

Viel Feind, wenig Ehr'

Leserbriefe gab es natürlich immer wieder; die allermeisten sind nicht der Rede wert. Ein spezieller Fall war ein mir bekannter Musikjournalist, der über Jahre immer wieder Briefe zu musikpolitischen Themen schrieb, aber nicht mit seinem Namen zeichnete, sondern mit fingierten Namen und Adressen. Anfänglich wurden sie abgedruckt, weil sie sachkundig und in der Form anständig waren. Mit der Zeit fing die Leserbrief-Redaktion an, die Adressen zu kontrollieren, und damit endete die Leserbrief-Karriere dieses Kollegen. Durch Schriftvergleiche kam ich ihm auf die Schliche, behielt das Geheimnis aber für mich. Er wird seine Gründe dafür gehabt haben, dass er sich immer wieder inkognito zu Wort meldete.

Wer Musikkritiker wird, darf nicht auf die Liebe seiner Mitmenschen angewiesen sein. Besser, er schert sich nicht darum, ob man ihn mag oder nicht. Und wer manchmal austeilt, muss auch einstecken können. Da ich bereits in meiner frühen BaZ-Zeit ein relativ schonungsloser Kritiker war (später wurde ich zunehmend altersmilde), hatten mich einige Musikerinnen und Musiker in der Nase. Das ganze Basler Sinfonieorchester war sauer auf mich, nachdem ich einmal über ihre Löhne geschrieben hatte – ein Tabubruch. Kathrin Klingler, die langjährige Leiterin der Allgemeinen Musikgesellschaft, lud mich einmal in ein gutes Restaurant zum Mittagessen ein, nur um mir mitzuteilen: «Herr Schibli, wir fühlen uns von Ihnen nicht getragen!» In ihren Augen war der Musikredaktor dazu da, Konzertveranstalter und Orchester zu promoten…

Und Mario Venzago, um 2000 künstlerischer Leiter der AMG, den ich im Übrigen sehr schätzte, schrieb mir einmal nach einer Konzertkritik: «Klug geschissen ist auch geschissen!» Er hatte wenigstens Humor.

Ich war zwar fleissig und wurde von vielen gelesen, war aber nicht bei allen beliebt. Da ich es tunlichst vermied, mich mit Musikerinnen und Musikern anzufreunden, betrachteten mich gerade viele Musiker mit Argwohn. Als der Orchesterwart des Sinfonieorchesters in Pension ging, führte ich ein Interview mit ihm. Dabei erklärte er mir so nebenbei, ich sei das «Feindbild» des Orchesters. Warum, konnte er auch nicht sagen. Ein andermal sollte ich mit dem abtretenden Kapellmeister am Theater, Harri Rodmann, ein Abschieds-Interview führen. Ich folgte damit einem Wunsch des Theaters und fand mich zur verabredeten Zeit in der Theaterkantine ein. Rodmann sass da und erklärte mir, mit mir würde er überhaupt nicht reden. Damit war der freie Samstag gelaufen! Ein Cellist, den ich wiederholt kritisiert hatte, liess mich wissen, er könne meinetwegen nicht mehr in Basel auftreten. Und ein Opernsänger rief mich nach meiner Premierenkritik an und meinte, wenn das stimmen würde, was ich geschrieben hatte, so könne er ja gar nicht singen. Was soll man darauf entgegnen? Ich habe nie mehr etwas von ihm gehört.

Nicht nur meine Texte, auch meine Redaktionspolitik wurde kommentiert. Eine nicht geschriebene Kritik kann mehr Ärger verursachen als ein Verriss! Ein Dirigent schrieb mir einmal, ich solle in sein nächstes Konzert auf keinen Fall den Mitarbeiter W. schicken, der so schlecht über ihn geschrieben habe. Ich verbat mir solche Einmischung und schrieb dem Dirigenten zurück, ich würde das Problem einfach dadurch lösen, dass ich seine Konzerte unbesprochen liesse. Wie sagte doch Carl Dahlhaus einmal so prägnant: Musikkritiker würden verachtet, solange sie lebten, aber nach ihrem Tod gälten sie als Kronzeugen ihrer Epoche. Wie wahr!

Pressereise nach Moskau, 2005,
unsere kleine Gruppe auf dem Roten Platz

In meine BaZ-Zeit fielen einige Pressereisen, die mich in spezielle Regionen und Städte führten und die meinen Horizont erweiterten. In der Regel hatten sie wenig oder gar nichts mit Musik zu tun, sondern waren Einladungen von Reiseveranstaltern; meine Berichte erschienen denn auch auf der Reiseseite der BaZ. So kam ich nach

Sardinien, Portugal, Wien (kulinarischer Schwerpunkt!), Moskau, Tunesien, sogar nach Mexiko, Myanmar und zuletzt – nach meiner Pensionierung – nach Peru. Ein Reise-Freak bin ich dadurch nie geworden, und das Schreiben über diese Reisen fiel mir schwerer als jede Opern- oder Konzertbesprechung. Ich ziehe es vor, immer wieder dieselben Orte zu besuchen, nach der (zugegeben etwas defensiven) Maxime: Wo auch immer man hingeht, man nimmt immer sich selbst mit. Aber das Privileg, kostenlos teure Fernreisen machen zu können, habe ich durchaus geschätzt und überdies manche Kolleginnen und Kollegen aus andern Fachbereichen des Journalismus kennengelernt.

Als Musikkritiker lernt man unvermeidlich zahlreiche Personen aus dem Musikbetrieb persönlich kennen, und in einer relativ kleinen Stadt wie Basel läuft man sich öfter über den Weg. Ich hatte immer eine Abneigung gegen das «Fraternisieren» mit bestimmten Gruppen und Richtungen des Musiklebens und habe es tunlichst vermieden, mich zu einer dieser informellen Gruppen zugehörig zu fühlen. Der «Holliger-Clique» stand ich genau so fern wie der «Alte-Musik-Lobby». Ich hatte kein Problem damit, im Vorstand der Musikforschenden Gesellschaft (Ortsgruppe Basel) mitzutun, aber von anderen Gruppierungen wollte ich unabhängig bleiben. Lieber machte ich mich unbeliebt, als in den Verdacht der Kumpanei zu geraden. Über meine Orgellehrer schrieb ich grundsätzlich nicht, aber es war unvermeidlich, dass ich mich gelegentlich über von ihnen veranstaltete Konzerte äusserte. Heiner Kühner hatte die Grösse, über manches in seinen Augen fragwürdige Urteil hinwegzusehen.

Im Allgemeinen empfand ich freundschaftliche Nähe zu Menschen, über die ich vielleicht auch einmal schreiben sollte, als problematisch. Es können daraus Verpflichtungen entstehen, die ich vermeiden wollte. Vielleicht habe ich das «Keuschheitsgebot» sogar etwas übertrieben. Jedenfalls habe ich mich mit niemandem aus der Musikszene angefreundet; eine Ausnahme war und ist die Pianistin Irina Georgieva, mit welcher ich das eine oder andere Projekt gemeinsam betrieb und die auch gelegentlich Hauskonzerte bei uns gab. Auch der Mainzer Pianist Wilhelm Ohmen wurde ein guter Freund, aber selbstverständlich konnte ich ihn dann nicht mehr rezensieren.

Dass Musiker manchmal ein kurzes Gedächtnis haben, zeigt das Beispiel eines Trompeters, der mir nach einer nicht so günstigen Kritik schriftlich einen «Platzverweis» erteilte und sich bitter darüber beklagte, dass er als Musiker «mit Leuten wie Ihnen zu tun haben» müsse. Was ihn allerdings nicht daran hinderte, mich Jahre danach anzufragen, ob er für die BaZ Kritiken schreiben dürfe. Einmal sagte eine Geigerin, die wir in Basel zu einem Hauskonzert eingeladen hatten, extrem kurzfristig ab – explizit mit der Begründung, dass ich ihr Konzert mit der Uraufführung eines Violinstücks eines Basler Komponisten nicht besprochen hatte. Ein Beispiel dafür, wie negativ es sich auswirken kann, wenn man Berufliches und Privates vermischt! Zu diesem Thema fällt mir ein Satz von Reinhardt Stumm ein, mit welchem er einmal eine – scheinbar uneigennützige – Einladung zu einem guten Essen ablehnte: «Ich weiss nicht, ob mir das leisten kann!»

Eine seltsame Konstellation ergab sich einmal in meiner Frankfurter Zeit. Ich schrieb in der FAZ und auch in der Fachzeitschrift «HiFi Stereophonie» regelmässig über Orgelplatten, und da drückte mir die FAZ-Redaktion eines Tages zwei oder drei Vinylplatten des Organisten Günther Kaunzinger in die Hand. Ich hörte sie an und beurteilte sie sehr kritisch. Kaunzinger war ein ausgesprochen virtuoser Spieler, dem ich ziemlich unverblümt Imponiergehabe vorwarf. Er war damals Professor an der Musikhochschule in Würzburg, und ein Verriss in der FAZ war ihm keineswegs gleichgültig. Ich war nicht erstaunt, dass er sich nach meiner Kritik brieflich bei mir meldete, wohl aber über den Inhalt seines Schreibens: Ob ich nicht Lust hätte, Plattencover-Texte für ihn zu schreiben? Das tat ich denn auch einige Jahre lang, unter anderem für grössere Editionen Kaunzingers wie die Gesamtaufnahme der Werke von Louis Vierne und einige Widor- und Bach-Platten. Zwischen Kaunzinger, seiner Freundin Ruth Rudolf, meiner Frau und mir ergab sich eine schöne Freundschaft. Wir waren mehrere Male im stattlichen Haus Kaunzingers in Helmstadt eingeladen, wo sich der Hausherr eine grosse, drei Manuale umfassende Hausorgel hatte bauen lassen. Und er war mich als Rezensenten los!

Preisverleihung für den Salzburger Kritikpreis 1997 mit Eeva-Taina und Bürgermeister Josef Dechant, Foto Charlotte Oswald

Eine Genugtuung für mein Ego war es, als ich 1997 für eine Besprechung von Carl Maria von Webers «Oberon» in der BaZ den Kritikpreis der Salzburger Festspiele erhielt. Das bedeutete einen Geldpreis und ein festliches Essen mit dem Bürgermeister und Gästen, unter ihnen Gattin Eeva-Taina. Freude machten mir auch meine engsten Mitarbeiter bei der BaZ, ohne die die Musikberichterstattung in dieser Zeitung wesentlich ärmer gewesen wäre. Ich hatte immer jemanden als Assistenten an meiner Seite, und sie machten nach ihrer Freelancer-Zeit bei der BaZ ausnahmslos gute Karrieren. Erstaunlicherweise hatte ich mit allen ein menschlich gutes Verhältnis, obwohl ich ihnen ja irgendwie im Weg stand. Zuerst war das Martina Wohltat, dann Urs Mattenberger; später Benjamin Herzog, gefolgt von Michael Kunkel, mit dem ich den «Europäischen Musikmonat» 2001 ins Blatt drückte, und schliesslich Jenny Berg. Patrick Marcolli schrieb unter meiner Obhut erste Musikkritiken, und Andreas Klaeui wurde durch mich – nicht zuletzt durch unsere angeregten Gespräche in der Kantine der BaZ an der Hochbergerstrasse – vom Korrektor zum gewandten Kulturjournalisten. Mein treuester Mitarbeiter aber war Klaus Schweizer aus Grenzach, ehemals Professor an der Musikhochschule Karlsruhe und ein ausgesprochen kluger, gewandter, stets diplomatisch bleibender Kritiker. Deutsche schreiben einfach besser...

BaZ-Redaktor 1999, Foto André Muelhaupt

Ebenfalls zur Hebung meines Selbstwertgefühls trug die Tatsache bei, dass ich während meiner Zeit als BaZ-Redaktor mehrere Bücher herausgeben konnte. Da war zuerst ein Auftragsbuch für Pro Helvetia über den Komponisten Jürg Wyttenbach, dann 1999 das «Jahrhundertbuch» mit dem Titel «Musikstadt Basel». Es war eigentlich im Christoph Merian Verlag geplant, aber ich überwarf mich mit dem damaligen Verlagsleiter und nahm das Projekt in den Buchverlag der BaZ, damals geleitet von Josef Zindel. Als ich den Chefredaktor Hans-Peter Platz fragte, ob er mir diese Nebentätigkeit erlauben würde, antwortete er vornehm: «Herr Schibli, das ehrt uns!» Hinzu kam noch als gut bezahlte Auftragsarbeit der Basler Orchester-Gesellschaft die Geschichte der BOG, Band 2.

Medium im Wandel

Als Musikchef der BaZ musste ich auch den Pop- und Jazzsektor betreuen und tat dies ohne grosse Kenntnis, aber mit Unterstützung mehrerer freier Mitarbeiter. Ich verliess mich darauf, dass mir Jürg Weibel oder Martin Schäfer keine schlechten Empfehlungen gaben. Erst als ich mit etwa 60 Jahren Barpiano-Musik zu spielen anfing, wurde mein Verhältnis zur sogenannten U-Musik freundlicher. Die Filetstücke des klassischen Musiklebens reservierte ich selbstverständlich für mich selbst und reiste fleissig – an die Opernpremieren der Salzburger Festspiele, nach Bregenz, Bayreuth, Paris, Strassburg, Hamburg, Stuttgart etc. Man liess mir freie Hand bei der Auswahl der Termine, und als sparsamer Mensch überzog ich das Spesenbudget nie. Ob diese Berichte aus dem internationalen Opernzirkus überhaupt gelesen wurden, weiss ich natürlich nicht, denn dazu gab es fast nie Leserbriefe. Aber die BaZ gehörte – auch dank der Reisetätigkeit von meinen Kollegen und mir – neben den grossen deutschen Tageszeitungen zum Klub der Meinungsführer im Kulturbereich. Ich spürte eine grosse Wertschätzung der Festivals und Opernhäuser gegenüber der BaZ, erhielt praktisch immer Pressekarten und sagte manchmal nur halb scherzhaft im Kollegenkreis: Zum Glück wissen die nicht, wie klein unsere Auflage ist! Denn diese sank von 116'000 Exemplaren im Jahr 1988 auf rund 45'000 im Jahr meiner Pensionierung (2016). Inzwischen sind es noch weniger, und die Zeitung gehört dem Zürcher Tamedia-Konzern.

Einerseits ist die Bedeutung der Tageszeitungen in diesen fast 30 Jahren international gesunken. Und andererseits ging die BaZ durch heftige Stürme, hervorgerufen durch Besitzerwechsel, häufige Wechsel der Chefredaktion und auch der Feuilleton-Leitung. Ich erlebte in meiner Zeit als BaZ-Redaktor vier Chefredaktoren und vier Kulturchefs. Der interessanteste Chefredaktor war Markus Somm, der die Redaktion etwa fünf Jahre lang bis 2019 leitete. Er kam von der rechtsbürgerlichen «Weltwoche» und führte eine spitze Feder, provozierte gern mit pointierten, vom linksliberalen Mainstream abweichenden Kommentaren, war aber historisch und politisch gebildet, an Kultur interessiert und offen für andere Meinungen. Wir schätzten einander. Die Musikkritik als «Ereigniskritik» interessierte ihn kaum, dafür motivierte er mich zu manchem essayistischen Beitrag, so etwa über Wagners Antisemitismus.

Eines Tages sagte er: «Schreib doch mal einen Artikel ‹Die zehn besten Musikstücke der Musikgeschichte›!» Ich entgegnete ihm, das sei unmöglich, weil alles subjektiv sei. Er konterte, solche Ranking-Artikel würden doch gern gelesen, womit er natürlich nicht unrecht hatte. Der Beitrag erschien und löste manches Kopfschütteln aus, denn Mozart, Chopin und Schubert kamen darin nicht vor, dafür aber Monteverdi, Berlioz und Liszt. Da war sie wieder, meine alte Aversion gegen das, was alle sagen. Somm nahm es mit Humor. Zu meiner Pensionierung 2016 bot er mir an, die normalerweise für wichtige politische Themen reservierte zweite Seite der Zeitung zu bespielen. Ich schrieb einen Artikel «Sie hätten das alles ja nicht lesen müssen», garnierte ihn mit ein paar Zitaten aus meiner journalistischen Laufbahn und einem schönen Foto von Felix Räber, das mich als Barpianisten im Smoking zeigt.

Meine Kontakte nach Frankfurt wurden naturgemäss immer schwächer. Die neuen Herren der FAZ-Musikredaktion (beziehungsweise die Dame Eleonore Büning) brauchten mich nicht. Ein Lichtblick war für mich Wolfgang Sandner, der als (bereits pensionierter) FAZ-Musikredaktor ein zweimal im Jahr erscheinendes, aufwändig gestaltetes Magazin herausgab. Es nannte sich «taktvoll», entstand in Zusammenarbeit mit den deutschen Konzerthäusern und Orchestern und widmete sich Themen, die in Zusammenhang mit den jeweiligen Programm-Schwerpunkten dieser Häuser standen. Sandner fragte mich jedes Mal, wenn er eine Ausgabe plante, wieder an, so dass ich Gelegenheit hatte, mich in Themen wie Bachs «Goldberg-Variationen», Antonio Caldara, den «Tristan»-Akkord oder Bernd Alois Zimmermann zu vertiefen. Nach zehn Ausgaben – in allen war ich vertreten! – war 2015 leider plötzlich Schluss.

Gespräche jenseits von Musik
Da ich im Nebenfach Philosophie studiert hatte, kamen bei der BaZ manchmal Aufträge aus diesem Fachbereich auf mich zu. Einen eigentlichen Philosophie-Redaktor hatte die vergleichsweise kleine Zeitung natürlich nicht. 1995 musste (oder durfte) ich den Jahrhundert-Philosophen Hans-Georg Gadamer interviewen, den Vater der philosophischen Hermeneutik. Ich hatte riesigen Respekt vor dem bereits 95-jährigen Methusalem der deutschen Philosophie und stellte brav meine Fragen, eine nach der anderen, eifrig darauf bedacht, dem grossen alten Denker nicht die kostbare Zeit zu stehlen. Doch darin täuschte ich mich: Nachdem ich meine Fragen vom Stapel gelassen hatte und das Gespräch beenden wollte, sagte Gadamer zu mir: «Fragen Sie doch ruhig noch etwas weiter!» Als um die Wende zum 21. Jahrhundert der Reformator Sebastian Castellio wieder entdeckt und in neuen Übersetzungen publik gemacht wurde, entwickelte ich mich zum Castellio-Kenner und schrieb mehrere grössere Artikel über den in Basel gestorbenen Theologen, dem in der «Dalbe» das Castellio-Weglein und seit ein paar Jahren auch eine Gedenktafel gewidmet sind.

Im Gespräch mit Hans-Georg Gadamer, 1995, Foto Kurt Wyss

Interviews mit Musikern habe ich natürlich zahlreiche geführt, aber in meiner Erinnerung waren sie in der Regel berechenbarer, weniger interessant als die Gespräche, die ich mit Nicht-Musikern führen durfte. So etwa mit Hans Saner, mit dem ich mich für die BaZ nicht nur, aber auch über seinen Lehrer und Mentor Karl Jaspers unterhielt. Ein anderes Beispiel für nicht-musikalische Interviews war das Gespräch mit Aenne Goldschmidt, der 2020 in hohem Alter verstorbenen Witwe von Harry Goldschmidt, der als Basler Bankierssohn in die sozialistische DDR emigriert war und dort als marxistischer Musikhistoriker wirkte. Aenne war als Tänzerin durch die Palucca-Schule gegangen und blieb treu an der Seite ihres stramm sozialistischen Mannes. Wir sprachen weniger über Musik als über Politik.

Als der Basler Gerichtsmediziner, Professor Volker Dittmann, 2014 seine Emeritierung ankündigte, stach mir das Thema seiner Abschiedsvorlesung ins Auge: «Aus des wirklichen Lebens schauriger Wahrheit – Über Mord und andere Todesfälle in der Oper». Ich wusste, dass Dittmann ein Opernfan und -kenner ist, war ihm aber nie persönlich begegnet. Eine Interview-Anfrage beantwortete er rasch und positiv, und unser Gespräch, für das mir die Zeitung anderthalb Seiten gab, war eines der anregendsten in meiner ganzen Laufbahn. So erzählte Dittmann beispielsweise, dass Mordopfer nicht wie meist in Fernsehkrimis sofort tot sind, sondern häufig stundenlang im Todeskampf liegen. Opernfiguren wie Violetta oder Mimí, die im Sterben noch weitersingen, seien daher gar nicht so unrealistisch. Mozarts Don Giovanni bezeichnete er als «psychopathisch dissoziale Persönlichkeit», und er verriet mir, wie man am besten jemanden mit einer Stichwaffe umbringt: indem man «mit einem langen Messer von unten durch das Zwerchfell ins Herz sticht». Diesen Ratschlag hätten New Yorker Polizisten der Sängerin Grace Bumbry gegeben, die sich vor ihrem Auftritt als Tosca an der «Met» erkundigte, wie sie den Scarpia möglichst realistisch auf der Bühne zur Strecke bringen könne.

Ein besonderes Erlebnis war das Interview, das ich mit Professor Bertram Schefold in Frankfurt führte. Dazu angeregt hatte mich Markus Somm, den es beeindruckte, dass sich ein aus Basel stammender Wirtschaftshistoriker und Spezialist der Theorie von Karl Marx an der Universität Frankfurt am Main so stark für Stefan George interessierte. Schefold klärte mich in seinem mit antiken Kunstwerken bestückten Haus im Frankfurter Nordend unter anderem über den Zschokke-Brunnen am Basler Kunstmuseum auf, der bekanntlich – oder unbekanntlich – ein skulpturales Porträt von Stefan George enthält.

Einer der seltsamsten Aufträge seitens der BaZ ereilte mich am Ende meiner Zeit als Zeitungsredaktor. Es ging nicht um ein Interview, sondern um eine Reportage. Der «Rückbau» eines der Luxushotels der Stadt war beschlossen worden, und ich sollte die letzte Nacht dort verbringen und etwas darüber schreiben. Das Verhältnis zwischen dem «Hilton» am Bahnhof und der BaZ war sehr gespannt, nachdem die Zeitung einmal die drastisch überhöhten Preise während der Art-Kunstmesse angeprangert hatte. Daher buchte ich ein Zimmer auf meinen Namen, die Kosten gingen natürlich auf Spesen. Ich unterhielt mich an der Bar ein wenig mit der Barkeeperin, versuchte die morbide Stimmung am letzten Tag einzufangen, fotografierte diskret und schrieb danach meine Reportage.

Eher ungewöhnlich war es, dass ich im Frühling 2018 von einem Mitarbeiter der Schweizerischen Musikzeitung selber interviewt wurde. Das Interview erschien unter dem Titel «Es ist alles angepasster geworden». Mir fiel erst nachträglich auf, dass ich damit gleichzeitig die allgemeine Tendenz im Musikjournalismus und meine persönliche Entwicklung auf den Punkt brachte, denn auch ich selbst bin als Rezensent eher brav geworden und habe auch etliche Texte im Auftragsverhältnis geschrieben, die unter «Marketing» fallen.

Musikkritik – theoretisch

Es hat mich immer interessiert, über die Geschichte und das Wesen der Musikkritik nachzudenken. Dazu hatte ich öfter Gelegenheit. So gab mir mein Doktorvater Professor Finscher – inzwischen Ordinarius an der Universität Heidelberg – 1984/85 einen Lehrauftrag zum Thema Musikkritik. Ich fuhr also jede Woche nach Heidelberg und hielt dort mein Seminar ab, das aus geschichtlichen Erörterungen zur Musikkritik – Mattheson, Heine, Hanslick, Shaw etc. – sowie praktischen Schreibübungen bestand. Ein Student brachte mich einmal durch ein Votum in Verlegenheit. Ich sprach über die Relativität des musikkritischen Urteils und darüber, dass man einen Laienchor nicht mit dem gleichen Massstab beurteilen könne wie einen Berufschor. Darauf meinte er, er sei dann ja für seine Verhältnisse ein sehr guter Pianist, auch wenn er bei weitem nicht an Alfred Brendel heranreiche…

Nach meiner Rückkehr nach Basel bot mir der Institutsleiter Professor Wulf Arlt ein Seminar mit ähnlicher Thematik an. Ich habe nie an einer Schule unterrichtet und wollte nie Lehrer werden, aber durch diese beiden Seminare entdeckte ich einen gewissen pädagogischen Eros. Den konnte ich auch bei der BaZ nutzen, wo ich einige Jahre lang für die Betreuung der Praktikanten der Kulturredaktion zuständig war. Eine Praktikantin sagte mir, als sie sich nach ihrem Praktikum verabschiedete: «Du warst der Einzige in der Redaktion, der meine Texte genau gelesen und mit mir durchdiskutiert hat!»

Ein Nebenprodukt meiner theoretischen Beschäftigung mit Musikkritik war einerseits ein Aufsatz für die «Neue Zeitschrift für Musik», in dem ich nachzuweisen versuchte, dass eine durchschnittliche Konzertkritik für Leser, die nicht vom Fach sind, eigentlich gar nicht verständlich ist, weil sie eine Fülle von Insider-Wissen voraussetzt. Ausserdem resultierte daraus der einzige Vortrag, den ich im Rahmen der Ortsgruppe Basel und danach noch einmal bei der Zürcher Ortsgruppe der Schweizerischen Musikforschenden Gesellschaft halten durfte. Er war überschrieben mit «Das Kammermädchen der Musen», das Zitat eines deutschen Musikers aus dem 18. Jahrhundert. Es drückt prägnant die Funktion der Kritik als Dienerin der Künste aus. Mir gefiel der moralische Grundton, der auch in Äusserungen von Johann Mattheson zum Ausdruck kam – dieser verglich Musikkritiker mit Gärtnern, die das Unkraut jäten, um die guten Pflanzen sich entfalten zu lassen. Unbewusst identifizierte ich mich mit den Moralisten unter den Musikkritikern.

Später nahm ich die Sache wesentlich entspannter und sah in der Musikkritik einfach eine Methode, Lesern eine Art von Anhaltspunkt zur Bildung eines eigenen Urteils zu liefern und ihnen ohne moralischen Anspruch journalistische Unterhaltung mit Niveau zu bieten. Fehlurteile, denke ich heute, kann es in der Musikkritik eigentlich nicht geben, abgesehen von offensichtlichen Irrtümern auf der Ebene der Fakten. Aber das (mit Kant zu sprechen) «Kunsturteil» ist in seinem Wesen subjektiv. Daher hat es mich immer gestört, wenn Musikkritiker mit geschichtsphilosophischem Pathos Urteile fällen nach der Art «Barockmusik kann man heute so nicht mehr spielen». Man kann, man darf fast alles, und oft sind die von der Norm (oder der Mode) abweichenden Interpretationen am überzeugendsten.

Im Lauf der Jahre wurde mein Verhältnis zur Neuen Musik distanzierter. Ich kann durchaus verstehen, dass Komponisten der Gegenwart immer neue Werke in immer neuen «Sprachen» komponieren, deren Grammatik nur sie allein kennen – schliesslich müssen sie ja etwas hervorbringen, um existieren zu können. Doch ich verlor allmählich den bekennerhaften Eifer, mit dem fast alle Musikkritiker über solche Neuschöpfungen schrieben. Der Herdentrieb war mir fremd. Und ich war froh, dass niemand von mir verlangte, jedes Jahr nach Donaueschingen zu pilgern, wo sich die berufsmässigen Neue-Musik-Apologeten versammelten wie Kardinäle am Konzil. In meinen Augen (und Ohren) war das Konzept des musikalischen Fortschritts mit der Atonalität und Zwölftontechnik ausgereizt, von vereinzelten Strömungen wie der Klangflächenästhetik abgesehen.

Heute zweifle ich daran, ob Schönberg wirklich so viel bedeutender war als Strawinsky, wie Adorno und seine Adepten argumentierten. Auch meine Zusammenarbeit mit Andreas Pflüger an der Oper «Mord im St. Johann» (Uraufführung 2009) änderte nichts an meiner Skepsis. Meine wachsende innere Distanz zur Gegenwartsmusik blieb zumindest einem Teil der Leserschaft nicht verborgen. Ein Dozent der Musik-Akademie, den ich fachlich durchaus schätzte, schrieb mir einmal einen langen Leserbrief, in dem der Satz stand: «Sie sind ein anti-intellektueller Intellektueller.» Ich fühlte mich durchaus verstanden!

Zum Fest eine Fliege: Silvester 2019, Foto Felix Räber

Wer austeilt, muss auch einstecken können

Neben Leserbriefen erhält man als Journalist des öfteren mündliche Reaktionen. So zum Beispiel nach Opernbesprechungen; dort hat die Kritik ja auch mehr Daseinsberechtigung als im Konzertbereich, weil eine Opernproduktion nach der Premiere in der Regel noch einige Male gespielt wird, wodurch die Kritik den Charakter einer Konsumentenberatung annimmt. In der Oper, diesem «Kraftwerk der Gefühle» (Alexander Kluge), spielen persönliche Empfindungen naturgemäss eine wichtige Rolle. Das macht das Schreiben über Opernaufführungen – und zwar sowohl über die Inszenierungen als auch über die Stimmen – zu einer besonderen Herausforderung. Und Opernfans sind oft emotionale Charaktere und nicht immer die tolerantesten Menschen. Ich hatte einmal eine heftige schriftliche Auseinandersetzung mit einem opernaffinen Verwaltungsrat des Theaters Basel, der sich gern schützend vor «seine» Institution stellte, wenn er sie angegriffen fühlte. Mein «Vergehen» war, dass ich eine Sängerin als Sopranistin bezeichnete, worauf besagter Opernfan mich belehrte, sie sei Mezzosopranistin, und mich damit der Inkompetenz überführte. Dass in der Zeit des italienischen Belcanto – es ging um eine Oper von Donizetti – Mezzosoprane auch als Soprane galten, war ihm nicht bewusst; es war für mich ein Leichtes, ihm dies mitzuteilen und gleich noch einen sachorientierten Artikel daraus zu bauen. Gleichwohl ist eine solche Kontroverse nicht ungefährlich für den Ruf eines Kritikers. Ich war immer skeptisch, wenn Bekannte mich für eine Kritik lobten, war aber zufrieden, wenn ich feststellte, dass ich gelesen wurde.

Besonders nach Opernkritiken sagten mir Leserinnen und Leser manchmal: «Genau so, wie Sie es beschrieben haben, habe ich es auch empfunden!» Das habe ich ihnen nie geglaubt, eher hielt ich es für einen Ausdruck der Tatsache, dass das geschriebene und gedruckte Wort eine gewisse Autorität hat und möglicherweise bei Lesern eine Unsicherheit beseitigt und ein verbales Urteil erst ermöglicht. Wenn das stimmt, so hat die Musikkritik eine beträchtliche Verantwortung, denn sie kann im Extremfall darüber entscheiden, ob eine Produktion Erfolg hat oder durchfällt. Ich war erleichtert, als der damalige Thaterdirektor Michael Schindhelm einmal in einer öffentlichen Veranstaltung sagte: «Wenn die BaZ eine Opernproduktion unseres Theaters verreisst, haben wir etwa zehn Prozent weniger Publikum als sonst.» Das heisst: Kritiken werden durchaus ernst genommen. Aber auch: Sie sind nicht allein entscheidend. Mindestens so bestimmend ist die Mundpropaganda, ist das Gespräch unter den Kulturkonsumenten.

Ein sozusagen systemimmanentes, chronisches Problem während meiner Redaktorentätigkeit waren die Konzerte von Laienchören. Dass ich da eine Auswahl treffen musste, ist selbstverständlich, doch machte ich mir die Entscheidung, welcher Chor in den «Genuss» einer Konzertkritik kommen sollte und welcher nicht, keineswegs leicht. Zeitweise versuchte ich, die interessantesten Programme verstärkt zu berücksichtigen, was den Nebeneffekt hatte, dass die grossen Laienchöre der Region kaum noch zum Zuge kamen – denn sie setzten eher auf populäre Grosswerke als auf interessante Nischenprogramme. Das kam nicht gut an. Und als ich einmal nach einer etwas durchmischten Kritik eines Laienchors erboste Leserbriefe erhielt, die sich über mein angeblich unfaires Urteil beschwerten, zog ich frustriert die Reissleine und beschloss, grundsätzlich keine Konzerte von Laienchören und Laienorchestern mehr zu rezensieren. Selbstverständlich kam auch diese Entscheidung, die ich mit einem Formbrief zu begründen versuchte, schlecht an.

Ein kluger Leser (und Sänger in einem Laienchor) argumentierte, ohne Laienchöre hätten die «Missa solemnis» von Beethoven oder das Brahms-Requiem wohl ihre Uraufführung nicht erlebt, und ich musste ihm teilweise recht geben. Von da an nahm ich Laienchor-Konzerte wieder von Fall zu Fall wahr, aber ein gutes Gefühl hatte ich dabei nicht. Das Nebeneinander von Rezensionen professioneller und dilettantischer Ensembles blieb ein unlösbares Problem. Ich blieb auch bei meiner Haltung, nachdem ich 2008 selber Chorsänger geworden und in die Peterskantorei eingetreten war. Und ich erinnere mich an die rhetorische Frage eines früheren Musikkritikers, dem vorgeworfen wurde, er sei nicht gerecht: «Wer bin ich denn, dass ich gerecht sein könnte? Nur Gott ist gerecht!»

Mein Abschiedsartikel als Musikredaktor in der BaZ, 2016

Schon früh erhielt ich Gelegenheit, neben Programmeinführungen auch Schallplattentexte zu schreiben. Manfred Karallus führte mich 1979 bei der «Deutschen Grammophon» ein, für welche ich mehrere Covertexte verfasste. Mein erster überhaupt galt der Karajan-Aufnahme von Bachs «Magnificat» und Strawinskys «Psalmensinfonie». Wenn ich diesen Text heute wieder lese, erschrecke ich über den hohen intellektuellen Anspruch und die hochtrabende Sprache. Offenbar wollte ich Adornos Sprachstil in den Schatten stellen und bedaure heute aufrichtig die Übersetzer, die das ins Englische, Französische und Italienische übertragen mussten. Danach folgten immer wieder Aufträge für Labels wie Novalis, Bärenreiter, Ondine, Sony, Prospero. Mit den Jahren ist meine Sprache einfacher geworden, und ich habe gelernt, dass es zwischen einer Seminararbeit und einem Gebrauchstext Unterschiede geben muss. Als ich einmal einen längeren Text für die «Österreichische Musikzeitschrift» verfasst hatte, rief mich deren Redaktor Frieder Reininghaus an und sagte: «Ich wusste gar nicht, dass Musikwissenschaftler so verständlich schreiben können!» Ein grösseres Kompliment kann ich mir kaum vorstellen.

Es gibt viele Formen, in denen sich Musikpublizistik abspielt. Und ich habe viele von ihnen erprobt – von der Konzertkritik bis zum Interview, von der kulturpolitischen Analyse bis zum Porträt. Immer schon gern schrieb ich Glossen über Musikthemen.

Eine Zeit lang für die «Neue Zeitschrift für Musik», dann für die «Opernwelt» (so zum Beispiel eine Glosse über den «Konzerthusten») und danach häufig für die BaZ.

Gegen Ende meiner Laufbahn bei der Zeitung, als mein Verhältnis zu Konzertveranstaltern und lokalen Institutionen entspannter wurde (ich musste sie ja nicht mehr kritisch begleiten), bot mir Hans-Georg Hofmann vom Sinfonieorchester Basel Gelegenheit, in jedem Programmheft eine eigene Kolumne unterzubringen, beginnend 2014 mit «Casino-Geschichten», gefolgt von «Orchestergeschichten», «Kritikergeschichten», «Premierengeschichten» und «Ortsgeschichten». Ich schrieb aber auch für die Konkurrenz, für das Kammerorchester Basel, das mir von 2017 an lohnende Aufträge für Konzerteinführungen gab.

In den letzten Jahren kam noch eine Quartierzeitung hinzu, der «Quartierkurier» Breite/Lehenmatt/Gellert/St. Alban, an dem ich ehrenamtlich mitwirke. Ganz zuletzt fing ich noch an, für meine in der Velobranche tätige Tochter Aleksandra «Velo-Geschichten» zu schreiben. Man mag denken: tief gesunken vom Weltblatt FAZ bis zum Gratis-Quartierblättchen, das bald über den Blumenladen an der Ecke und bald über Verkehrsprobleme berichtet. Dem halte ich entgegen: Schreiben ist immer eine Herausforderung, egal für welches Medium, in welcher Auflage und über welches Thema. Schliesslich befolgt ein Elektriker auch dieselben Regeln, ganz gleichgültig, ob er eine Lampe in einem Kuhstall oder in einem Palast aufhängt.

Ich habe meine Texte, die ich seit fast 50 Jahren – nicht nur in Tageszeitungen, sondern auch in Magazinen, Büchern und Musikzeitschriften – publiziert habe, nicht gezählt. Es dürften Tausende sein. Manchmal denke ich, dass ganze Wälder wegen mir abgeholzt werden mussten. Bis mir die befreiende Einsicht zuflog: Holz wächst bekanntlich nach.

Auswahlbibliografie

Bücher
Schibli, Sigfried (1983) Alexander Skrjabin und seine Musik. Grenzüberschreitungen eines prometheischen Geistes. München/Zürich: Piper (Ab 2005 Books on Demand)
- (1986) Franz Liszt. Rollen, Kostüme, Verwandlungen. München/Zürich: Piper
- (1988) Der Komponist Theodor W. Adorno. Vorläufige Bemerkungen zu einem noch nicht überschaubaren Thema. Badenweiler: Oase
- (Hrsg.)(1994) Jürg Wyttenbach. Ein Portrait im Spiegel eigener und fremder Texte. Zürich: Pro Helvetia, Dossier Musik
- (Hrsg.)(1999) Musikstadt Basel. Das Basler Musikleben im 20. Jahrhundert. Basel: Buchverlag der Basler Zeitung
- (2009) Geschichte der Basler Orchester-Gesellschaft 1971-2007. Basel: Krebs

Aufsätze
Der épatierte und der beschwichtigte Bürger. Aus Anlass einer Schallplatten-Neueinspielung der 7 Kammermusiken, in: Hindemith-Jahrbuch 1979/VIII, S. 217-223
Zum Begriff der Neuen Sachlichkeit in der Musik, in: Hindemith-Jahrbuch 1980/IX, S. 157-178
Skrjabin spricht – Sieben Stichworte zu einem Problem, in: Neue Zeitschrift für Musik, 1982, Heft 3, S. 22-25
Skrjabins Flug. Zu einer zentralen Figur in Aleksandr Skrjabins Leben und Werk, in: Musik-Konzepte 32/33, München: Text + Kritik 1983, S. 69-80
Ein Stück praktisch gewordener Ideologie. Zum Problem der komplexen einsätzigen Form in Frühwerken Arnold Schönbergs, in: Archiv für Musikwissenschaft, Jahrgang XLI, Heft 4, 1984, S. 274-294
Traurig, aber anziehend – Über Alexander Skrjabin in Heidelberg, in: Musik in Heidelberg 1777-1885, Heidelberg 1985, S. 223-226
Auf dem Weg in die künstlerische Vereinsamung. Vierundzwanzig unbekannte Briefe und Postkartentexte Alban Bergs, in: Neue Zeitschrift für Musik, April 1985, S. 9-21
Tschaikowsky und das ‹mächtige Häuflein›, in: Funkkolleg Musikgeschichte. Europäische Musik vom 12.-20. Jahrhundert, Studienbegleitbrief 9, Weinheim/Basel: Beltz 1988, S. 11-55
Der Bach von einst und der Kantor von jetzt. Versuch, eine mutmasslich durchschnittliche Musikkritik zu verstehen, in: Neue Zeitschrift für Musik, Dezember 1989, S. 4-7

Der Pianist Rudolf Serkin und seine Riehener Jahre, in: Jahrbuch z'Rieche 1991. Ein heimatliches Jahrbuch, Riehen 1991, S. 57-63

Ein Modell, kein Rezept – das Orchester ‹basel sinfonietta› wurde zehn Jahre alt, in: Basler Stadtbuch 1991, Basel: Christoph Merian Verlag 1992, S. 177-181

Der Engel und der Hund. Schallplatte, Schallplattenkritik und Neue Musik, in: Hermann Danuser und Siegfried Mauser (Hrsg.), Neue Musik und Interpretation, Mainz: Schott 1992, S. 81-88

‹Musik und Leben bilden einen Kreis›. Ein Gespräch mit Yehudi Menuhin, in: Neue Zeitschrift für Musik, Dezember 1992, S. 5-8

Der Umbruch um 1900, in: Michael Raeburn und Alan Kendall (Hrsg.), Geschichte der Musik, München/Mainz: Kindler/Schott 1993, Band 4, S. 7-21

Tschaikowsky und das ‹mächtige Häuflein›, in: Europäische Musikgeschichte, Kassel: Bärenreiter 2002, Band 2, S. 903-943

‹Bilder, die das Erlebnis gezeichnet hat›. Harry Goldschmidt als Musikkritiker in Basel, in: Kunstwerk und Biographie. Gedenkschrift Harry Goldschmidt, Zwischen/Töne, Neue Folge, Band 1, Berlin: Weidler 2002, S. 201-220

‹Dichter in dürftiger Zeit› – Wildberger und Schostakowitsch, in: Jacques Wildberger – Fragmen 38, Saarbrücken 2002, S. 8-12

Ein Geisterhaus. Sergej Rachmaninows Schweizer Wohnsitz, in: Partituren, Juli/August 2006, S. 6-11

Innovation und Beharrungsvermögen. Paul Sacher als Musikvermittler, in: Paul Sacher – Facetten einer Musikerpersönlichkeit, Mainz etc. 2006, S.167-187

Wir sind einmal dabei und ein andermal nicht. Paul Sacher im Gespräch, in: Paul Sacher – Facetten einer Musikerpersönlichkeit, Mainz etc. 2006, S. 189-202

Der Unbeugsame. Versuch, sich von Evgenij Gunst ein Bild zu machen, in: Fundstücke eines Lebens – Der Komponist Evgenij Gunst, Basel 2010, S. 137-141

‹Polyphonische Spezereien› – Über Franz Liszt und Johann Sebastian Bach, in: Almanach der Bachwoche Ansbach 2011, S. 74-77

Liebeswerben um die Musik. Vieles bleibt, manches ist im Wandel: Riehen hat eine stolze Musiktradition und ist als Musikstadt wieder in Bewegung, in: Jahrbuch z'Rieche 2012, S. 122-125

Der Kampf als Reinigung. Skrjabin, Strawinsky, Prokofjew und ihre Kollegen im Angesicht von Krieg und Revolution, in: Österreichische Musikzeitschrift 1/2014, S. 27-34

Das umstrittenste Musikinstrument oder Der Traum von der Messbarkeit, in: Österreichische Musikzeitschrift 5/2014, S. 69-71

Zwischen Mode und Modernität. Zum 100. Todestag des russischen Komponisten Alexander Nikolajewitsch Skrjabin, in: Österreichische Musikzeitschrift 6/2014, S. 77-80

Mahler-Renaissancen ohne Ende. Heiligsprechung und schöne Stellen, in: Mahler-Interpretation heute, München: Text + Kritik 2015, S. 13-26

Frankophil und innovativ. Georges Delnon war neun Jahre lang Direktor des Theaters Basel, in: Basler Stadtbuch 2015, Basel: Christoph Merian 2016, S. 192-193

25 Jahre Mädchenkantorei Basel, in: Ihr sollt fröhlich sein in Christus. Programmbuch, Basel 2016, S. 16-22

Ticken wir wirklich schneller? Vor fünfzig Jahren entdeckte Nicholas Temperley die Aufzeichnungen des Dirigenten George Smart, in: Österreichische Musikzeitschrift 1/2017, S. 47-51

Globalisierung im Kleinformat. Theorie und Praxis des Schweizer Chorgesangs in der ersten Hälfte des 19. Jahrhunderts, in: ‹Unser Land›? Lesothos schweizerische Nationalhymne, Basel: Christoph Merian, 2018, S. 108-117

‹Basel ist gar nicht übel›. Musik im Stadtcasino und um das Stadtcasino herum, in: Stadtcasino Basel. Gesellschaft, Musik und Kultur, Basel: Friedrich Reinhardt, 2020, S. 222-261

Der Autor
Sigfried Schibli (*1951) ist Musikpublizist. Er studierte in Basel und Frankfurt am Main und war zuerst als Organist tätig, bevor er sich ganz dem Journalismus zuwandte. Neben seiner Arbeit für Tageszeitungen promovierte er in Musikwissenschaft, schrieb Bücher sowie zahlreiche Aufsätze über musikalische Themen. Gelegentlich kann man ihn am Radio und hin und wieder als Barpianist hören. Er lebt in Basel.

Der Verlag
In privaten Archiven und Sammlungen liegen zahlreiche Kostbarkeiten, welche darauf warten entdeckt und erschlossen zu werden. Die Publikationen aus dem Verlag Das Archiv sind solchen Fundstücken gewidmet; sie enthalten Berichte und Geschichten, Texte und Illustrationen, welche sich mit Trouvaillen aus Privatarchiven befassen.
www.verlag-das-archiv.ch